高校入試 10日でできる 歴史

特長と使い方

◆1日4ページずつ取り組み，10日間で高校入試直前に弱点が克服でき，実戦力が強化できます。

試験に出る重要図表　図表の穴埋めを通して，重要な知識を身につけましょう。

Check / 記述問題　一問一答の問題と定番の記述問題を解いてみましょう。

入試実戦テスト　入試問題を解いて，実戦力を養いましょう。

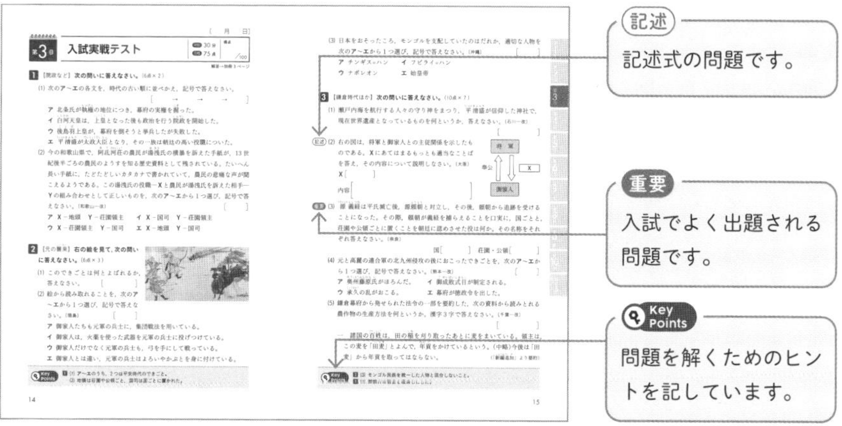

◆巻末には「総仕上げテスト」として，総合的な問題や，思考力が必要な問題を取り上げたテストを設けています。10日間で身につけた力を試しましょう。

目次と学習記録表

◆学習日と入試実戦テストの得点を記録して，自分自身の弱点を見極めましょう。

◆１回だけでなく，復習のために２回取り組むことでより理解が深まります。

【写真提供】宮内庁正倉院事務所，国立国会図書館，東京都，平等院，福岡市博物館所蔵 画像提供：福岡市博物館 /DNPartcom，毎日新聞社，Colbase(http://colbase.nich.go.jp/)，Photo：Kobe City Museum/DNPartcom

出題傾向

◆「社会」の出題割合と傾向

〈「社会」の出題割合〉

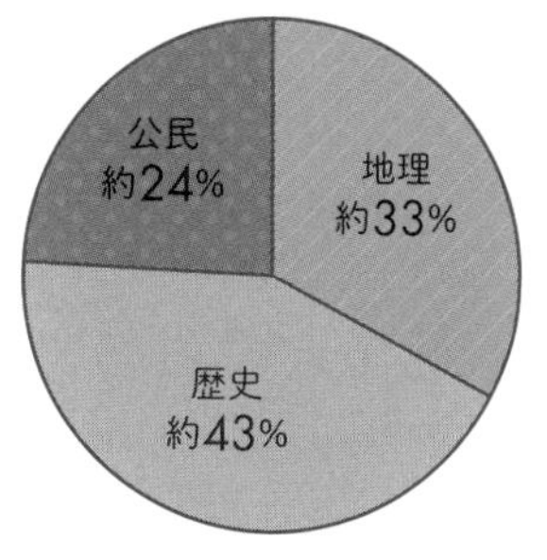

〈「社会」の出題傾向〉

- 3分野からバランスよく出題されている。
- 地図や写真，統計資料，歴史史料などを利用する設問が増えている。
- 記号選択が多く，次に用語記述が多い。また，多くの地域で文章記述問題が出題される。
- 地域によっては，大問の中で複数の分野にまたがる分野融合問題が出題される場合がある。

◆「歴史」の出題傾向

- 年表を使った問題の出題が多いが，写真や絵画，文献史料などさまざまな歴史資料を用いた問題が増えている。
- 幅広い時代を，テーマを決めて扱う問題の出題が増えてきている。
- 地理で出題の少ない用語記述の問題が，歴史では多めになりがちである。

合格への対策

◆教科書の内容を徹底的に復習しよう

- 歴史の入試で問われる知識は，教科書レベルの内容が中心のため，「教科書理解を深めること＝合格への王道」です。
- 歴史は，人物・用語・できごとを関係する絵画・写真・資料とともに覚えておき，できごとの順序をきちんと整理しておくことも欠かせません。

◆入試問題を知り，慣れよう

教科書や参考書・問題集で理解したり，得たりした知識が，入試問題を解くときに使いこなせるかどうかを練習問題で確認しよう。

◆誤りの原因を分析→復習をくり返す→弱点をつぶして得点源に

- 誤った問題は，「なぜ，誤ったのか？」という原因を分析しよう。「重要事項を覚えていなかった」「ケアレスミス」など，原因はさまざまです。分析後，関係する基本事項を確認して解き直し，根気よく復習して弱点をつぶそう。
- 社会科は，短期間でよく復習して重要事項を記憶に定着させることが大切。

[　　月　　日]

第1日 文明のおこりと日本のあけぼの

試験に出る重要図表

✎ [　　]にあてはまる語句を答えなさい。

時代	年	重要事項
原始時代（旧石器時代）	約700万年前	アフリカに猿人が現れる
原始時代（縄文時代）		古代文明が栄える
原始時代（弥生時代）	B.C.221	秦の[①　　]が中国を統一する
原始時代（弥生時代）	B.C.27	ローマ帝国が成立する
原始時代（弥生時代）	57	倭の奴国の王が中国に使いを送る
古代（弥生時代）	239	[②　　]の女王卑弥呼が魏に使いを送る
古代（古墳時代）	478	倭王武が中国の南朝に使いを送る
古代（飛鳥時代）	593	[③　　]が推古天皇の摂政となる
古代（飛鳥時代）	607	小野妹子が隋に派遣される
古代（飛鳥時代）	630	第一回[④　　]を送る
古代（飛鳥時代）	645	[⑤　　]の改新が始まる
古代（飛鳥時代）	663	[⑥　　]の戦いがおこる
古代（飛鳥時代）	672	[⑦　　]の乱がおこる

朝鮮	高句麗・新羅・百済 → 新羅
中国	殷 → 秦 → 漢 → 三国 → 南北朝 → 隋 → 唐
世界	古代文明　ギリシャ・ローマ文明　シルクロードを通じた東西交流

❶ 古代の文明

- **エジプト文明**…太陽暦，象形文字，**ピラミッド**。
- **メソポタミア文明**…太陰暦，**くさび形文字**。
- **インダス文明**…モヘンジョ=ダロ，**カースト制**。
- **中国文明**…[⑧　　]文字，青銅器。
- ギリシャ文明…都市国家([⑨　　])。

❷ 縄文時代と弥生時代

	縄文時代	弥生時代
時代	約1万年前～紀元前4世紀ごろ	紀元前4世紀ごろ～紀元後3世紀
土器	黒かっ色で縄目の文様の**縄文土器**	赤かっ色でうすい**弥生土器**
道具	[⑩　　]石器や骨角器	青銅器や鉄器
建物	**竪穴住居**(居住用)	[⑪　　]倉庫(貯蔵用)
生活	狩猟・漁・採集が中心。**貝塚**や**土偶**。	[⑫　　]作が広まる。低地に定住，貧富の差が生じる。

解答　①始皇帝　②邪馬台国　③聖徳太子　④遣唐使　⑤大化　⑥白村江　⑦壬申　⑧甲骨　⑨ポリス　⑩磨製　⑪高床　⑫稲

ここをおさえる!

① 旧石器時代は打製石器，新石器時代は磨製石器を使用。
② 日本では，大陸と陸続きのころが旧石器時代にあたる。
③ 聖徳太子が建てた法隆寺は，現存する世界最古の木造建造物。

解答→別冊 1 ページ

Check1 用 語（⇨試験に出る重要図表 年表・❶）

□① 日本の旧石器時代解明のきっかけとなった，岩宿遺跡は何県にありますか。 [　　　　]

□② チグリス川とユーフラテス川のほとりに栄えた古代文明を何といいますか。 [　　　　]

□③ エジプト文明で採用された 1 年を 365 日とする暦を何といいますか。 [　　　　]

□④ 大仙古墳のような古墳の形を何といいますか。 [　　　　]

□⑤ 聖徳太子が天皇に代わって政治を行うために就いた役職を何といいますか。 [　　　　]

Check2 人 物（⇨試験に出る重要図表 年表）

□⑥ 紀元前 6 世紀ごろの中国で儒学を説いたのはだれですか。 [　　　　]

□⑦ ペルシャを征服したマケドニアの王はだれですか。 [　　　　]

□⑧ 7 世紀にイスラム教を始めたのはだれですか。 [　　　　]

□⑨ 239 年に魏に使いを送った邪馬台国の女王はだれですか。 [　　　　]

□⑩ 聖徳太子が遣隋使として派遣した人物はだれですか。 [　　　　]

□⑪ 大化の改新の中心となったのは中大兄皇子とだれですか。 [　　　　]

Check3 できごと（⇨試験に出る重要図表 年表）

□⑫ 663 年，百済（くだら（ペクチェ）・ひゃくさい）を救済するために日本が朝鮮に軍隊を送り，唐・新羅（しらぎ（シルラ）・しんら）の連合軍に敗れた戦いを何といいますか。 [　　　　]

□⑬ 天智天皇の没後におこった戦いで，勝った大海人皇子が天武天皇として即位した戦いを何といいますか。 [　　　　]

記述問題 次の問いに答えなさい。

□ 倭王武が中国の南朝に使いを送った目的を，簡潔に答えなさい。

[　　　　　　　　　　　　　　　　　　　　]

［　　月　　日］

第1日 入試実戦テスト

時間 25分　合格 80点　得点 ／100

解答→別冊１ページ

1【古　代】**資料１～４を見て，次の問いに答えなさい。**（10点×４）

(1) **資料１**の金印(きんいん)は，１世紀中ごろ，奴国(なのくに)の王が中国皇帝から授けられたと考えられている。この時代の人々の生活について説明した文として適切でないものを，次の**ア～エ**から１つ選び，記号で答えなさい。〔富山一改〕［　　］

資料１

ア 青銅器(せいどうき)や鉄器(てっき)が中国や朝鮮から伝わり，銅鐸(どうたく)などがまつりに使われた。

イ 稲作が広まり，収穫した稲をたくわえるための高床倉庫(たかゆか)がつくられた。

ウ 深い濠(ほり)(壕(ほり))や高い柵(さく)に囲まれた，大規模なむらが形成された。

エ 土器の表面に縄目の文様がつけられ，食料の保存や煮炊(にた)きに使われた。

(2) 卑弥呼(ひみこ)の時代の東アジアのようすを示した地図を，次の**ア～エ**から１つ選び，記号で答えなさい。〔富山一改〕［　　］

ア

イ

ウ

エ

(3) **資料２**と**資料３**は，それぞれ古墳から出土した焼き物を示している。このような，古墳におかれたさまざまな形の焼き物を何というか。その名称(めいしょう)を答えなさい。〔山形〕［　　　　］

資料２　**資料３**

(4) **資料４**は，中国文明で使用され，獣骨(じゅうこつ)や亀甲(きっこう)などに記された文字を示している。このような文字を何というか。その名称を答えなさい。〔富山〕［　　　　］

資料４

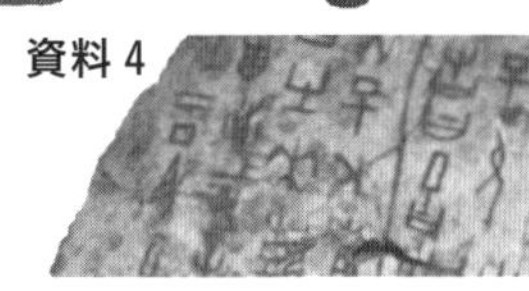

Key Points

1 (1) 奴国は弥生時代。
(2) 卑弥呼が使いを送った国に着目。

2 【古　代】**次の問いに答えなさい。**

(1) 次の文は，稲作が始まったことで生じた社会の変化について述べたものである。文中の[　　　]にあてはまることばとしてもっとも適切なものを，あとの**ア～エ**から１つ選び，記号で答えなさい。(10点)〔愛知〕　[　　　]

> 稲作が始まった後の遺跡からは，それまでには見られなかった[　　　]が発掘(はっくつ)されている。これは土地や水の利用をめぐる戦いが起きていたことを示すものと考えられている。

ア 石包丁(いしぼうちょう)などの農具や弥生土器　　**イ** 銅鏡(どうきょう)や銅鐸などの青銅器

ウ 集落を取り囲む濠(壕)やへいの跡　　**エ** 作物を貯蔵する施設の跡

(2) 古墳がさかんにつくられていたころ，朝鮮半島から移り住み，さまざまな技術を日本にもたらした人々がいた。これらの人々を何というか。その名称を答えなさい。(10点)〔和歌山〕　[　　　]

(記述) (3) 聖徳太子(しょうとくたいし)は，蘇我馬子(そがのうまこ)とともに，天皇を中心とする政治制度を整えようとした。その１つである冠位(かんい)十二階の制度では，どのようなねらいで役人を採用しようとしたか，簡潔に答えなさい。(10点)〔和歌山〕

[　　　　　　　　　　]

(4) 聖徳太子が小野妹子(おののいもこ)らを派遣したときの中国の王朝としてもっとも適切なものを，次の**ア～エ**から１つ選び，記号で答えなさい。(10点)〔三重〕

ア 秦(しん)　**イ** 漢　**ウ** 魏(ぎ)　**エ** 隋(ずい)　[　　　]

(5) 次の文には誤っている語句が１つある。誤っている語句を，文中の**ア～ウ**から１つ選び，記号と正しい語句を答えなさい。(5点×２)〔滋賀〕

記号[　　　]　語句[　　　]

> ア中大兄皇子(なかのおおえのおうじ)は，西日本の各地に山城を築き，唐やイ新羅(しらぎ(シルラ))からの攻撃に備え，近江大津宮(おうみおおつのみや)で即位し，ウ天武天皇となり，初めて全国の戸籍を作った。

(6) ７世紀を西暦で表すと何年から何年までか，その始まりの年と終わりの年を，それぞれ算用数字で答えなさい。(5点×２)〔神奈川一改〕

始まり[　　　年]　終わり[　　　年]

Key Points

2 (1) 稲作が始まったことにより，大きな社会の変化が起きた。
(3) 聖徳太子は，冠位十二階の制度や十七条の憲法などで政治のしくみを整えた。

[　月　日]

第2日 古代国家の歩み

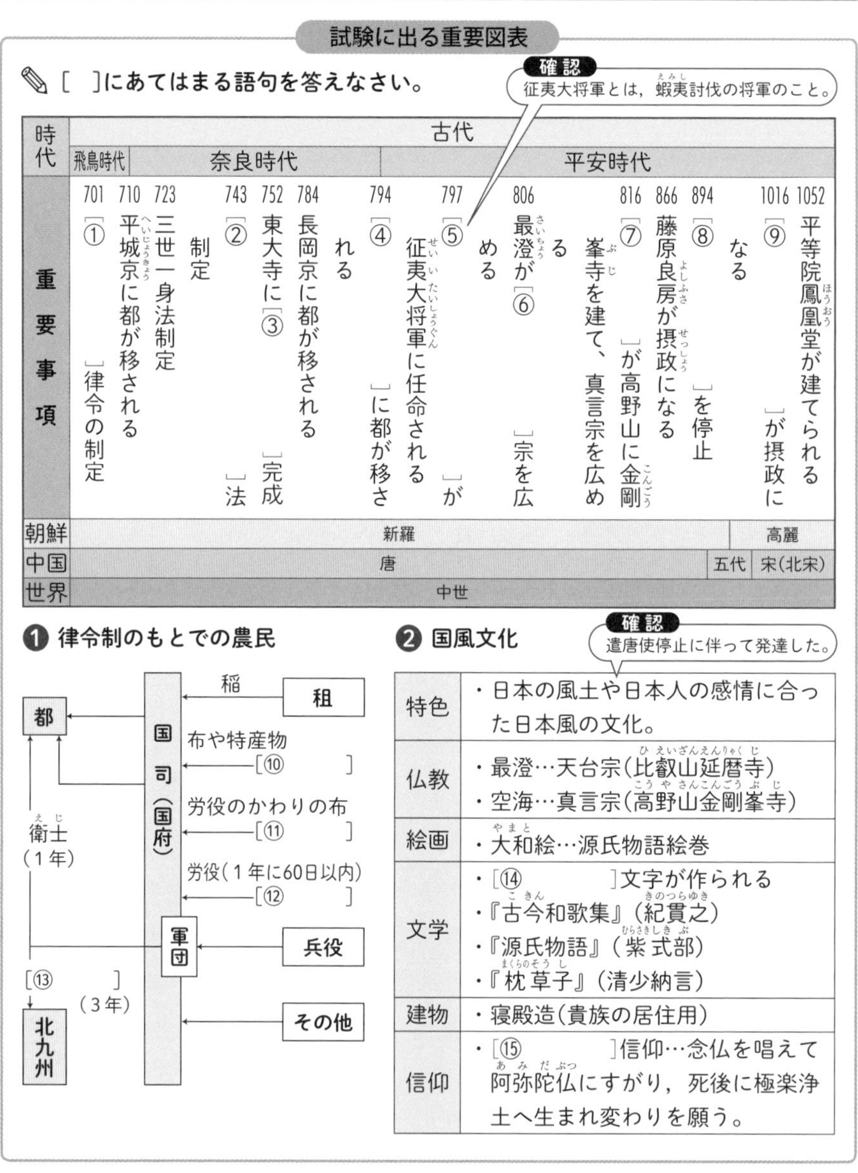

試験に出る重要図表

✎[　]にあてはまる語句を答えなさい。

確認　征夷大将軍とは，蝦夷(えみし)討伐の将軍のこと。

時代	古代
	飛鳥時代／奈良時代／平安時代

年	重要事項
701	[①　]律令の制定
710	平城京(へいじょうきょう)に都が移される
723	三世一身法制定
743	[②　]法制定
752	東大寺に[③　]完成
784	長岡京に都が移される
794	[④　]に都が移される
797	[⑤　]が征夷大将軍(せいいたいしょうぐん)に任命される
806	最澄(さいちょう)が[⑥　]宗を広める
816	[⑦　]が高野山に金剛(こんごう)峯(ぶ)寺(じ)を建て、真言宗を広める
866	藤原良房(よしふさ)が摂政(せっしょう)になる
894	[⑧　]を停止
1016	[⑨　]が摂政になる
1052	平等院鳳凰(ほうおう)堂が建てられる

朝鮮	新羅／高麗
中国	唐／五代／宋(北宋)
世界	中世

❶ 律令制のもとでの農民

❷ 国風文化

確認　遣唐使停止に伴って発達した。

特色	・日本の風土や日本人の感情に合った日本風の文化。
仏教	・最澄…天台宗(比叡山延暦寺(ひえいざんえんりゃくじ)) ・空海…真言宗(高野山金剛峯寺(こうやさんこんごうぶじ))
絵画	・大和(やまと)絵…源氏物語絵巻
文学	・[⑭　]文字が作られる ・『古今(こきん)和歌集』(紀貫之(きのつらゆき)) ・『源氏物語』(紫式部(むらさきしきぶ)) ・『枕草子(まくらのそうし)』(清少納言)
建物	・寝殿造(貴族の居住用)
信仰	・[⑮　]信仰…念仏を唱えて阿弥陀仏(あみだぶつ)にすがり，死後に極楽浄土へ生まれ変わりを願う。

解答　①大宝　②墾田永年私財(こんでんえいねんしざい)　③大仏　④平安京　⑤坂上田村麻呂　⑥天台　⑦空海　⑧遣唐使　⑨藤原道長　⑩調　⑪庸(よう)　⑫雑徭(ぞうよう)　⑬防人(さきもり)　⑭仮名　⑮浄土

ここをおさえる！

① 奈良時代の農民の負担は，租・調・庸・雑徭・兵役など。
② 藤原氏は，摂政や関白の役職に就いて政治の実権を握った。
③ 延暦寺は京都府と滋賀県の県境，金剛峯寺は和歌山県に位置する。

解答→別冊２ページ

Check1 用　語（⇨試験に出る重要図表 年表・❷）

□① 奈良時代に，戸籍に登録された６歳以上の男女に支給された土地を何といいますか。［　　　　］

□② 聖武天皇のころに栄えた文化を何といいますか。［　　　　］

□③ ７・８世紀ごろの貴重な文化財を保管した，東大寺大仏殿の北西にある宝物庫を何といいますか。［　　　　］

□④ 藤原氏が摂政や関白の職に就いて行った政治を何といいますか。［　　　　］

□⑤ 藤原頼通が宇治（京都府）に建てた平等院鳳凰堂は，何という信仰に基づいて建てられましたか。［　　　　］

Check2 人　物（⇨試験に出る重要図表 年表・❷）

□⑥ 国ごとに国分寺・国分尼寺を建てることを命じた天皇はだれですか。［　　　　］

□⑦ 中国から来日し，唐招提寺を建てた僧はだれですか。［　　　　］

□⑧ 平安京に都を移した天皇はだれですか。［　　　　］

□⑨ 比叡山に延暦寺を建て，天台宗を伝えた僧はだれですか。［　　　　］

□⑩ 朝廷に遣唐使の停止を進言したのはだれですか。［　　　　］

□⑪『源氏物語』の作者はだれですか。［　　　　］

Check3 できごと（⇨試験に出る重要図表 年表）

□⑫ 墾田永年私財法ののちに貴族や寺社が，新たに土地を開墾したり，農民から買い取ったりして増やした私有地を何といいますか。［　　　　］

□⑬ 遣唐使が停止されたことにより日本に芽生えた，日本の風土と日本人の感情に合った文化を何といいますか。［　　　　］

記述問題 次の問いに答えなさい。

□浄土信仰とはどのような信仰か，簡潔に答えなさい。

［　　　　　　　　　　　　　　　　　　　　］

［　月　日］

第2日 入試実戦テスト

時間 25分　合格 80点　得点 ／100

解答→別冊2ページ

1 【古　代】**資料1～6を見て，次の問いに答えなさい。**(12点×5)

(1) **資料1**の都の位置を，**資料2**の**ア**～**オ**から1つ選び，記号で答えなさい。［　　］

資料1

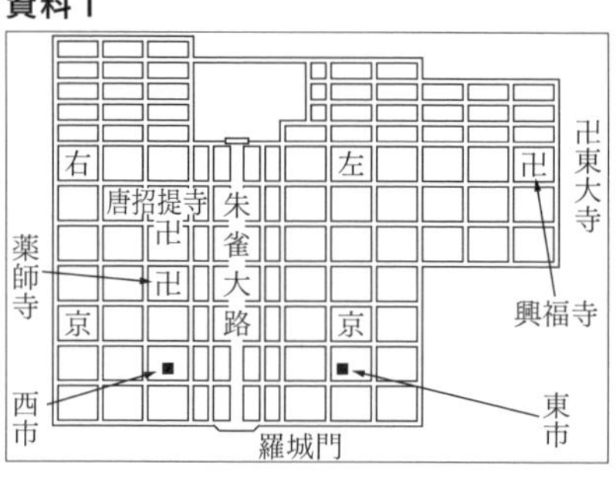

資料2

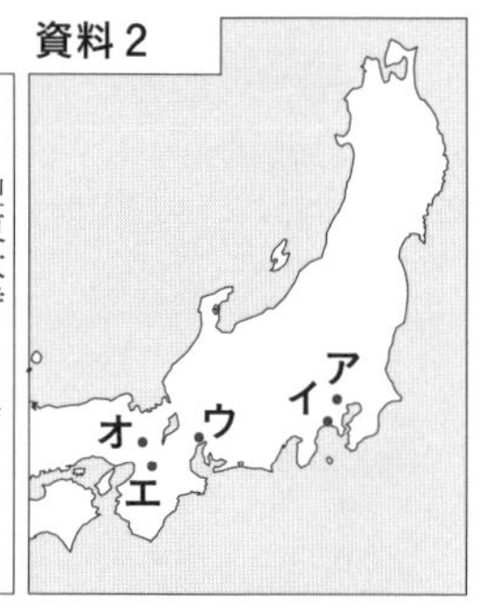

(2) **資料3**の建物が建てられた時代に，朝廷が諸国に命じて各国の地理・産物などをまとめさせた書物を何というか，その名称を答えなさい。［　　　］

資料3

(3) **資料4**は，日本最古の歌集の写本の一部である。天皇から農民まで幅広い身分の人々の歌からなるこの歌集を何というか，その名称を答えなさい。［　　　］

資料4

(4) **資料5**の建物のある寺院を，次の**ア**～**エ**から1つ選び，記号で答えなさい。

ア 平等院　**イ** 金剛峯寺(こんごうぶじ)　［　　］
ウ 延暦寺(えんりゃくじ)　**エ** 東大寺

資料5

(5) **資料6**は，天平文化が栄えたころにつくられた，［ X ］の姿を表した彫刻(ちょうこく)を描いたものである。［ X ］は，日本における仏教の発展に貢献(こうけん)するため，［ Y ］。X，Yにそれぞれあてはまることばの組み合わせとして適切なものを，右のページの**ア**～**エ**から1つ選び，記号で答えなさい。〔愛媛〕［　　］

資料6

Key Points　**1** (1) **資料1**中に東大寺や唐招提寺(とうしょうだいじ)があることに着目する。

ア X－空海　Y－唐から来日した

イ X－空海　Y－遣唐使とともに唐へ渡った

ウ X－鑑真　Y－唐から来日した

エ X－鑑真　Y－遣唐使とともに唐へ渡った

2 【古　代】**次の文を読んで，あとの問いに答えなさい。**（10点×2）

> 平城京を中心に政治が行われていた奈良時代には，国際的な文化が栄えた。東大寺の正倉院に伝わる聖武天皇の身のまわりの品々の中には，西アジアなどからもたらされたものも含まれている。

(1) 下線部について，次の文は平城京について述べたものである。文中の［P］にあてはまる語句を，漢字１字で答えなさい。〔福島〕　［　　］

> 平城京は，［P］の都である長安を手本につくられた。この時代，日本は［P］に使いをたびたび送っており，国際的な文化が平城京を中心にさかえた。

(2) 下線部に都が置かれていた期間のできごととしてもっとも適当なものを，次の**ア**～**エ**から１つ選び，記号で答えなさい。〔岐阜―改〕　［　　］

ア 聖徳太子が，仏教や儒学の考え方を取り入れた十七条の憲法で，役人の心構えを示した。

イ 聖武天皇は，仏教の力に頼って国家を守ろうと，都に大仏をつくらせた。

ウ 中大兄皇子が，中臣鎌足などとともに蘇我蝦夷・入鹿親子をたおした。

エ 藤原道長が，４人の娘を天皇のきさきとして政治の実権を握った。

3 【藤原氏の政治】**平安時代に関して述べた次の文中の［A］にあてはまることばを，漢字２字で答えなさい。また，［B］にあてはまる人名を答えなさい。**

（10点×２）〔北海道〕　A［　　］　B［　　］

> 藤原氏は，自らの娘を天皇のきさきとし，生まれた子を天皇に立てて，天皇が幼いときには摂政，成人したのちには［A］の職について，天皇にかわって政治を行った。このような政治は，11世紀前半の藤原道長と，その子である藤原［B］のころに，全盛期をむかえた。

Key Points

2 (1) 当時の中国の王朝名があてはまる。

3 B．父の藤原道長と混同しないこと。

[　月　日]

第3日 武士の台頭と武家政治の始まり

試験に出る重要図表

✎ [　]にあてはまる語句を答えなさい。

確認 ⑥はのちの武士の裁判の基準となった法令。

時代	年	重要事項
古代・平安時代	1086	[①　　]上皇が院政開始
	1156	保元の乱がおこる
	1159	平治の乱がおこる
	1167	[②　　]が太政大臣になる
中世・鎌倉時代	1185	平氏の滅亡
	1185	源頼朝が守護・[③　　]の設置を朝廷に認めさせる
	1192	源頼朝が[④　　]になる
	1221	[⑤　　]の乱がおこる
	1224	北条泰時が執権になり、執権政治の確立に努める
	1232	北条泰時が[⑥　　]を定める
	1274	[⑦　　]の役（元寇）
	1281	弘安の役（元寇）
	1297	永仁の[⑧　　]令が出される
	1318	後醍醐天皇の即位
	1333	鎌倉幕府の滅亡

朝鮮：高麗
中国：北宋　1127 南宋　1206 モンゴル　1271 元　1279
世界：1271 マルコ=ポーロの東方旅行始まる

❶ 鎌倉幕府のしくみと朝廷

中央
- 朝廷（天皇） ⟺ 対立 ⟺ 幕府（将軍）
- 幕府（将軍）―[⑨　　]
  - [⑩　　]：御家人の統率，軍事，警察
  - 政所：財政，政務一般
  - 問注所：訴訟・裁判
  - [⑪　　]：朝廷監視，西国の監督
  - [⑫　　]：国内の御家人の統率，警察
  - 地頭：荘園・公領の管理，年貢の取り立て

地方
- 朝廷―国司 ⟺
- 朝廷―郡司 ⟺

確認 ⑪は承久の乱ののちに京都に置かれた。

❷ 新しい仏教

	宗派	開祖
浄土系	[⑬　　]宗	法然
浄土系	浄土真宗（一向宗）	[⑭　　]
浄土系	時宗	一遍
	日蓮宗（法華宗）	日蓮
禅宗	臨済宗	[⑮　　]
禅宗	曹洞宗	道元

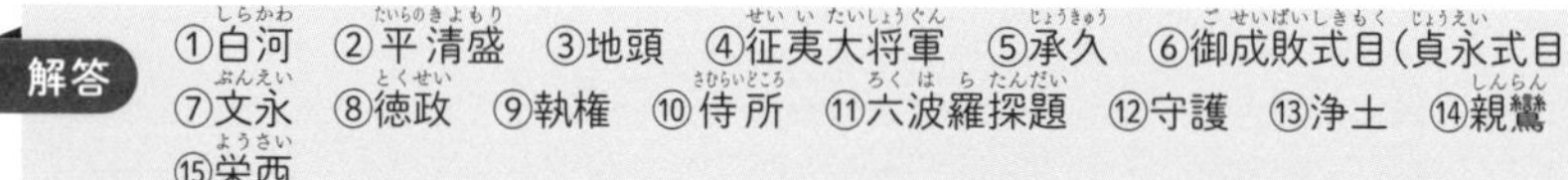
解答
①白河　②平清盛　③地頭　④征夷大将軍　⑤承久　⑥御成敗式目(貞永式目)
⑦文永　⑧徳政　⑨執権　⑩侍所　⑪六波羅探題　⑫守護　⑬浄土　⑭親鸞
⑮栄西

ここをおさえる！
① 保元の乱は院政内部の争い，平治の乱は平氏と源氏の争い。
② 守護は国ごと，地頭は荘園や公領ごとに置かれた。
③「源氏物語」は平安時代の物語，「平家物語」は鎌倉時代の軍記物。

解答→別冊 3 ページ

Check1 用 語

□① 鎌倉幕府に将軍と御恩と奉公の関係で結ばれた武士を何といいますか。 [　　　　]

□② 寺社の門前や交通の要地で月に数回開かれた市は何ですか。 [　　　　]

Check2 人 物（⇨試験に出る重要図表 年表・❷）

□③ 元寇のころに，「南無妙法蓮華経（なむみょうほうれんげきょう）」の題目を唱える新しい仏教の宗派を開き，幕府に弾圧された人物はだれですか。 [　　　　]

□④ 宋で禅宗を学び，厳しい修行でさとりを開く曹洞宗を伝えた人物はだれですか。 [　　　　]

□⑤ モンゴル帝国（ていこく）の第 5 代皇帝となり，国号を元と改めた人物はだれですか。 [　　　　]

□⑥ 執権北条義時（しっけんほうじょうよしとき）のとき，幕府をたおそうと承久（じょうきゅう）の乱をおこした上皇（じょうこう）はだれですか。 [　　　　]

□⑦ 二度の元軍の襲来（しゅうらい）を迎（むか）え撃（う）った執権はだれですか。 [　　　　]

□⑧ 東大寺南大門（なんだいもん）の金剛力士像（こんごうりきしぞう）を中心になってつくった仏師（ぶっし）はだれですか。 [　　　　]

Check3 できごと（⇨試験に出る重要図表 年表）

□⑨ 1159 年，平清盛（たいらのきよもり）が源義朝（みなもとのよしとも）に勝ち，乱後，清盛が政権を握（にぎ）るにいたる乱を何の乱といいますか。 [　　　　]

□⑩ 1185 年，源氏（げんじ）が平氏（へいし）を滅（ほろ）ぼした戦いを何といいますか。 [　　　　]

□⑪ 1281 年，元軍二度目の襲来を何といいますか。 [　　　　]

記述問題 次の問いに答えなさい。

□元寇ののち，鎌倉幕府の支配力は弱まっていった。その理由を，御恩と奉公の関係に着目して答えなさい。

[　　　　　　　　　　　　　　　　]

［　　月　　日］

第3日 入試実戦テスト

時間 30分　合格 75点　得点 ／100

解答→別冊 3 ページ

1 【院政など】**次の問いに答えなさい。**（6点×2）

(1) 次の**ア**～**エ**の各文を，時代の古い順に並べかえ，記号で答えなさい。

［　　→　　→　　→　　］

ア 北条氏が執権の地位につき，幕府の実権を握った。

イ 白河天皇は，上皇となった後も政治を行う院政を開始した。

ウ 後鳥羽上皇が，幕府を倒そうと挙兵したが失敗した。

エ 平清盛が太政大臣となり，その一族は朝廷の高い役職についた。

(2) 今の和歌山県で，阿氐河荘の農民が湯浅氏の横暴を訴えた手紙が，13 世紀後半ごろの農民のようすを知る歴史資料として残されている。たいへん長い手紙に，たどたどしいカタカナで書かれていて，農民の悲痛な声が聞こえるようである。この湯浅氏の役職―**X** と農民が湯浅氏を訴えた相手―**Y**の組み合わせとして正しいものを，次の**ア**～**エ**から 1 つ選び，記号で答えなさい。〔和歌山―改〕［　　］

ア **X**－地頭　**Y**－荘園領主　　**イ** **X**－国司　**Y**－荘園領主

ウ **X**－荘園領主　**Y**－国司　　**エ** **X**－地頭　**Y**－国司

2 【元の襲来】**右の絵を見て，次の問いに答えなさい。**（6点×3）

(1) このできごとは何とよばれるか，答えなさい。［　　　　］

(2) 絵から読み取れることを，次の**ア**～**エ**から 1 つ選び，記号で答えなさい。〔徳島〕［　　］

ア 御家人たちも元軍の兵士に，集団戦法を用いている。

イ 御家人は，火薬を使った武器を元軍の兵士に投げつけている。

ウ 御家人だけでなく元軍の兵士も，弓を手にして戦っている。

エ 御家人とは違い，元軍の兵士はよろいやかぶとを身に付けている。

Key Points

1 (1) **ア**～**エ**のうち，2 つは平安時代のできごと。

(2) 地頭は荘園や公領ごと，国司は国ごとに置かれた。

(3) 日本をおそったころ，モンゴルを支配していたのはだれか，適切な人物を次の**ア〜エ**から１つ選び，記号で答えなさい。〔沖縄〕 [　　]

ア チンギス=ハン　**イ** フビライ=ハン
ウ ナポレオン　**エ** 始皇帝

3 【鎌倉時代ほか】**次の問いに答えなさい。**(10点×７)

(1) 瀬戸内海を航行する人々の守り神をまつり，平清盛(たいらのきよもり)が信仰した神社で，現在世界遺産となっているものを何というか，答えなさい。〔石川ー改〕

[　　　　]

記述 (2) 右の図は，将軍と御家人との主従関係を示したものである。**X**にあてはまるもっとも適当なことばを答え，その内容について説明しなさい。〔大阪〕

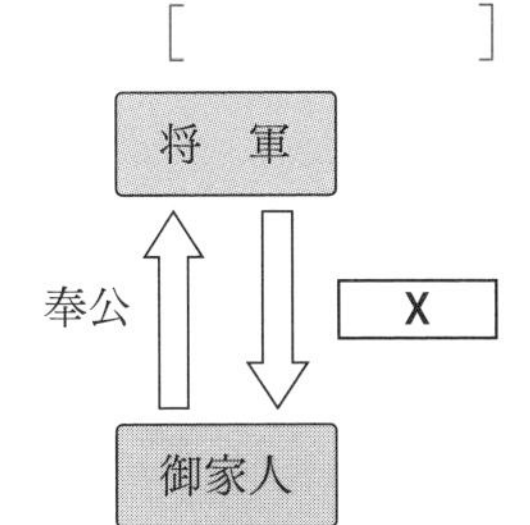

X [　　　　]

内容 [　　　　　　　　]

重要 (3) 源義経(みなもとのよしつね)は平氏滅亡後，源頼朝(よりとも)と対立し，その後，頼朝から追跡を受けることになった。その際，頼朝が義経を捕らえることを口実に，国ごとと，荘園や公領ごとに置くことを朝廷に認めさせた役は何か。その名称をそれぞれ答えなさい。〔奈良〕

国 [　　　　]　荘園・公領 [　　　　]

(4) 元と高麗の連合軍の北九州侵攻の後におこったできごとを，次の**ア〜エ**から１つ選び，記号で答えなさい。〔熊本ー改〕 [　　]

ア 奥州藤原氏(おうしゅうふじわらし)がほろんだ。　**イ** 御成敗式目(ごせいばいしきもく)が制定される。
ウ 承久(じょうきゅう)の乱がおこる。　**エ** 幕府が徳政令を出した。

(5) 鎌倉幕府から発せられた法令の一部を要約した，次の資料から読みとれる農作物の生産方法を何というか。漢字３字で答えなさい。〔千葉ー改〕

[　　　　]

一　諸国の百姓(ひゃくしょう)は，田の稲(いね)を刈り取ったあとに麦をまいている。領主は，この麦を「田麦(たむぎ)」とよんで，年貢(ねんぐ)をかけているという。(中略)今後は「田麦」から年貢を取ってはならない。(「新編追加(しんぺんついか)」より要約)

Key Points
2 (3) モンゴル民族を統一した人物と混合しないこと。
3 (4) 御家人の借金を帳消しにした。

［　月　日］

第4日 東アジアとの関係と武家政治の展開

試験に出る重要図表

✎［　］にあてはまる語句を答えなさい。

確認 ③と④は足利義満が将軍を退いてからのできごと。

時代	中世
	南北朝時代／室町時代／戦国時代
重要事項	1333 ［①　］天皇による建武の新政が始まる 1336 南北朝の対立が始まる 1338 ［②　］が征夷大将軍になり、京都に幕府を開く 1378 将軍足利義満が幕府を室町（花の御所）に移す 1392 南北朝が一つになる 1397 足利義満が京都の北山に［③　］を建てる 1404 日明（［④　］）貿易を始める 1428 正長の［⑤　］がおこり、幕府に徳政を要求 1467 ［⑥　］の乱がおこり、京都から各地へひろがる 1485 山城の［⑦　］ 1488 加賀の［⑧　］ 1489 足利義政が京都の東山に［⑨　］を建てる
朝鮮	高麗／1392 朝鮮国
中国	元／1368 明
世界	中世

❶ 室町幕府のしくみ

確認 ⑩には有力な守護大名がついた。

将軍
- 地方
  - ［⑬　］…関東8か国などを支配
  - 守護 ─ 地頭（国人）
    - 国の支配を強化し，［⑭　］に変化
- 中央
  - ［⑩　］
    - ［⑪　］…京都の警備・訴訟
    - 問注所……文書・記録の保管
    - ［⑫　］…財政

❷ 応仁の乱～戦国時代へ

8代将軍足利義政の後継者争い

＋

有力守護の後継者争いや勢力争い

↓

応仁の乱

↓

●乱後，戦国時代へ

［⑮　］……実力ある者が成り上がる社会に

各地は戦国大名が支配
→分国法（家法）と呼ばれる独自の決まりを制定

解答 ①後醍醐 ②足利尊氏 ③金閣 ④勘合 ⑤土一揆（どいっき） ⑥応仁 ⑦国一揆 ⑧一向一揆 ⑨銀閣 ⑩管領 ⑪侍所 ⑫政所 ⑬鎌倉府 ⑭守護大名 ⑮下剋上

ここをおさえる!

① 足利義満の金閣は京都の北山，足利義政の銀閣は京都の東山にある。
② 能の合間に演じられる狂言も室町時代に大成した。
③ 一揆のおこった山城国(京都府南部)，加賀国(石川県)の位置も注意。

解答→別冊 5 ページ

Check1 用 語 (⇨試験に出る重要図表 年表)

□① 高麗(コリョ)に代わった朝鮮国でつくられた民族文字は何ですか。 [ ]

□② 15 世紀前半，尚氏が沖縄島を統一して建てた国の名は何ですか。 [ ]

□③ 室町時代に発達した商人・手工業者の同業組合を何といいますか。 [ ]

□④ 室町時代に，有力農民を中心に発達した村の自治組織を何といいますか。 [ ]

Check2 人 物 (⇨試験に出る重要図表 年表)

□⑤ 能の大成者といわれる父子は観阿弥とだれですか。 [ ]

□⑥ 次の後継者をめぐって，応仁の乱がおきたときの室町幕府第 8 代将軍はだれですか。 [ ]

□⑦ 中国から帰国後，おもに山口などに住み，日本の水墨画を大成させたといわれる人物はだれですか。 [ ]

Check3 できごと (⇨試験に出る重要図表 年表)

□⑧ 1428 年に近江に始まり京都やその周辺にひろがった，徳政令を出すことを民衆が求めたできごとを何とよびますか。 [ ]

□⑨ 1485 年におこり，国人・農民たちが現在の京都府南部で 8 年間にわたる自治を実現させたことを何とよびますか。 [ ]

□⑩ 現在の石川県で，1488 年から 100 年近くの間，国人・僧侶・農民たちが一国の自治支配を実現させたことを何とよびますか。 [ ]

記述問題 次の問いに答えなさい。

□ 日明貿易で勘合が使われた理由を，「正式な貿易船」の語句を使って簡潔に答えなさい。

[ ]

［　　月　　日］

第4日 入試実戦テスト

時間 25分　合格 80点　得点 ／100

解答→別冊5ページ

1 【南北朝・室町時代】**次の問いに答えなさい。**（10点×6）

(1) 南北朝時代に関する次の**ア**～**ウ**の各文を，時代の古い順に並べかえ，記号で答えなさい。〔大阪〕　［　　→　　→　　］

ア 南北朝の動乱が終わった。

イ 足利尊氏が征夷大将軍に任じられた。

ウ 後醍醐天皇によって建武の新政が始められた。

重要 (2) 右の図は，将軍足利義満のころの幕府のしくみを表したものの一部である。義満は幕府に政治の実権を集中させた。この図中の［　　］には，この時代の将軍の補佐役の名称が入る。その補佐役の名称は何か。次の**ア**～**エ**から1つ選び，記号で答えなさい。〔岩手一改〕

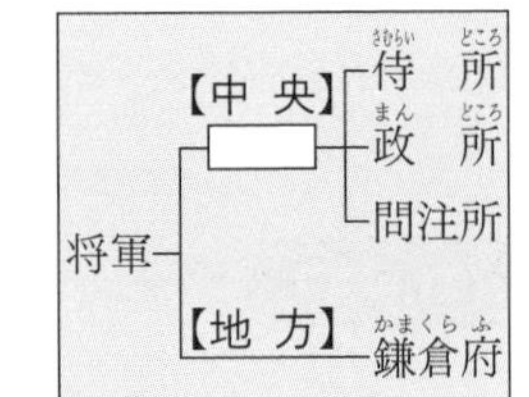

ア 執権　**イ** 管領　**ウ** 関白　**エ** 老中　［　　］

(3) 右の写真は，室町時代の碑文であり，「正長元年(1428年)以前の借金は神戸四か郷では帳消しにする」という内容であるが，当時，借金の帳消しなどを求めて農民がおこした行動を何というか答えなさい。また，その行動のもとになった農村の自治的な組織を何というか，答えなさい。〔青森〕

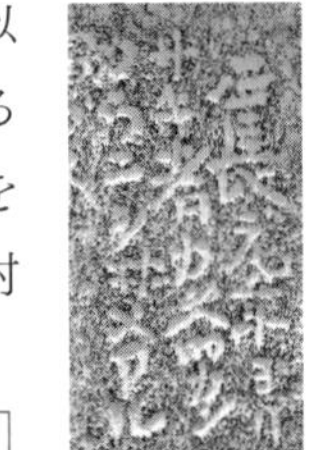

行動［　　　　］　組織［　　　　］

(4) 鎌倉時代や室町時代に，水上輸送の要地である港において年貢の輸送や保管などを行っていた運送業者を，次の**ア**～**エ**から1つ選び，記号で答えなさい。〔大阪〕　［　　］

ア 株仲間　**イ** 土倉　**ウ** 寄合　**エ** 問丸(問)

(5)『一寸法師』など，室町時代につくられた，さし絵入りのものもある，庶民的な短編物語を何というか，答えなさい。　［　　　　］

Key Points

1 (1) 足利尊氏が離反したことで建武の新政は終わった。
(4) 陸上では馬借などの運送業者が活躍した。

2 【室町・戦国時代】**次の文を読んで，あとの問いに答えなさい。**（10点×4）

①室町時代にはアジア各地と②貿易が行われ，日本には［ ③ ］が輸入され，経済の発展に大きな影響をあたえた。また，室町時代後期（④戦国時代）になるとヨーロッパ人との交流が行われ，キリスト教などが伝来した。

(1) 下線部①について，**資料1**はこの時代に生まれた建築様式によってつくられたものである。この建築様式を何というか，答えなさい。

［　　　　　　］

資料1

(2) 下線部②について，**資料2**は，当時の貿易関係を示したものである。このように，他国からの輸入品を別の国に輸出し，日本で利益を得る貿易を何というか，答えなさい。〔鹿児島〕

［　　　　　　］

資料2

日本 → 琉球王国：刀剣・扇・銅など
琉球王国 → 日本：染料・香料・生糸・陶磁器など
琉球王国 → 明：刀剣・扇・銅・香料など
明 → 琉球王国：生糸・陶磁器など
琉球王国 → 東南アジア諸国：生糸・陶磁器・刀剣・扇など
東南アジア諸国 → 琉球王国：染料・香料など

(3) 文中の③にあてはまる，明から輸入されたものを，**資料3**を参考にして答えなさい。

［　　　　　　］

資料3

重要 (4) 下線部④について，この時代の戦国大名たちのなかには，自分の支配地域を統治するためそれぞれ**資料4**のような法令を出す大名がいた。これらの法令を一般的に何というか，答えなさい。〔島根一改〕 ［　　　　　　］

資料4

一，かってに他国の者と縁組してはならない。(「今川仮名目録」)
一，許しを得ないで，他国に手紙を出してはならない。(「甲州法度之次第」)
一，けんかをしたときは，理非によらず，両方を罰する。(「長宗我部元親百箇条」)
（部分要約）

Key Points
2 (1) 障子やたたみを特徴とする建築様式である。
(3) 当時の日本では**資料3**を使って商売が行われた。

［　月　日］

第5日 ヨーロッパ人の来航と全国統一

試験に出る重要図表

［　］にあてはまる語句を答えなさい。

確認　西インド諸島は北アメリカ州にある。

時代	中世 → 近世（戦国時代／安土桃山時代）
重要事項	1492 ［①　　］が西インド諸島に到達 1498 ［②　　］が喜望峰回りでインドに到達 1517 ドイツで［③　　］が宗教改革を始める 1522 マゼラン一行が世界一周達成 1534 イエズス会の設立 1543 種子島に［④　　］伝来 1549 ［⑤　　］教が日本に伝わる 1560 桶狭間の戦い 1573 室町幕府の滅亡 1575 織田信長が［⑥　　］の戦いで武田勝頼を破る 1588 刀狩令が出される 1590 豊臣秀吉が北条氏をほろぼして全国統一 1592 豊臣秀吉による一回目の［⑦　　］侵略
朝鮮	朝鮮国
中国	明
世界	絶対王政の成立

❶ キリスト教の伝来

確認　カトリック教会を批判したルターたちはプロテスタントとよばれた。

［⑧　　　　］（文芸復興）が始まる
↓
航海・天文技術が発達
↓
ヨーロッパからアジアなどへの航路が開かれる
↓
日本へヨーロッパ人が来航するようになる

宗教改革が始まる
↓
［⑨　　　　］教会の立て直しが始まる
↓
イエズス会がアジアなどへの布教を進める

→ ザビエルが日本にキリスト教を伝える
↓
織田信長がキリスト教を保護・キリシタン大名の出現
↓
豊臣秀吉がキリスト教を禁止

❷ 桃山文化

大名 ― 城郭建築 ― 内部は書院造
安土城
姫路城
など

狩野永徳ら 障壁画　狩野派

大名・大商人 → 茶室 → 茶道 ［⑩　　　　］が大成
東山文化 → 茶道

［⑪　　　　］文化（スペイン・ポルトガルの影響）

芸能
歌舞伎踊り
浄瑠璃
三味線
民衆文化

解答　①コロンブス　②バスコ=ダ=ガマ　③ルター　④鉄砲　⑤キリスト　⑥長篠　⑦朝鮮　⑧ルネサンス　⑨カトリック　⑩千利休　⑪南蛮

ここをおさえる!

① 南蛮人(なんばんじん)とはポルトガル人とスペイン人のこと。
② 桶狭間の戦い→室町幕府の滅亡→長篠(ながしの)の戦いの順でおこった。
③ 織田信長はキリスト教を保護，豊臣秀吉はキリスト教を禁止。

解答→別冊7ページ

Check1 用　語（⇨試験に出る重要図表 年表・❶）

□① コロンブス…Aとバスコ=ダ=ガマ…Bのそれぞれの航海を支援(しえん)した国はどこですか。 A[　　　] B[　　　]

□② 17世紀初めにスペインからの独立を達成し，アジアへも進出した国はどこですか。 [　　　]

□③ 太閤検地(たいこうけんち)，刀狩(かたながり)で身分が定まったことを何といいますか。 [　　　]

□④ イタリアなどで始まった，ギリシャやローマの文明を学びなおす文化や学問の風潮を何といいますか。 [　　　]

Check2 人　物（⇨試験に出る重要図表 年表・❶・❷）

□⑤ 1549年，日本にキリスト教を伝えたイエズス会の宣教師はだれですか。 [　　　]

□⑥ 豊臣秀吉による朝鮮(ちょうせん)侵略に対して，朝鮮水軍を率いて日本水軍を苦しめた朝鮮の将軍はだれですか。 [　　　]

□⑦『唐獅子図屏風(からじしずびょうぶ)』をえがいた絵師はだれですか。 [　　　]

□⑧ 堺(さかい)の豪商(ごうしょう)出身で，茶道(さどう)を大成させた人物はだれですか。 [　　　]

Check3 できごと（⇨試験に出る重要図表 年表）

□⑨ 1560年，織田信長が今川義元(いまがわよしもと)を破った戦いは何の戦いですか。 [　　　]

□⑩ 1575年，織田信長軍が鉄砲(てっぽう)を効果的に使って武田勝頼(たけだかつより)軍を破った戦いは何の戦いですか。 [　　　]

□⑪ 1582年，明智光秀(あけちみつひで)が織田信長をおそい，自害させた事件を何といいますか。 [　　　]

記述問題 次の問いに答えなさい。

□織田信長が楽市(らくいち)・楽座(らくざ)を行った目的を，簡潔に答えなさい。

[　　　　　　　　　　　　　　　　]

[　　月　　日]

第5日

入試実戦テスト

時間 25分
合格 80点
得点　　／100

解答→別冊7ページ

1【南蛮貿易など】**次の問いに答えなさい。**(8点×5)

(1) 日本にキリスト教を伝えたザビエルが属した，アジアなどに布教したキリスト教の団体を何というか，答えなさい。〔富山一改〕 [　　　　　]

(2) 16世紀のなかば以降，ポルトガル人やスペイン人は，九州各地などに来航し貿易を盛んに行うようになった。このことについて，次の問いに答えなさい。

重要 ① この貿易を何といいますか，答えなさい。〔和歌山〕 [　　　　　]

記述 ② 九州の大名の中には，領内でのキリスト教の布教(ふきょう)を許可したり，信者になったりしてキリスト教を保護する者もいたが，それはなぜか。右の資料を参考に，次の書き出しに続けて簡潔に答えなさい。ただし，「利益」の語句を必ず用いること。〔三重〕

[キリスト教を保護すると同時に，　　　　　]

③ この貿易を通じて鉄砲が日本に輸入されるとともに，日本国内でもその生産が始まった。港町・自治都市として発展するとともに，鉄砲鍛冶(かじ)も盛んであった都市名を答え，その位置を，右上の地図中の**ア～エ**から1つ選び，記号で答えなさい。〔滋賀一改〕

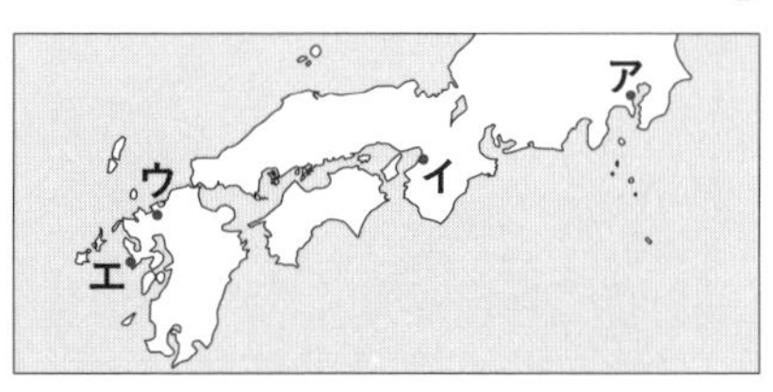

都市名[　　　　　]　位置[　　　]

1 (1) カトリック教会の立て直しをめざした団体である。
(2) ③この都市は千利休の出身地である。

2 【織田信長・豊臣秀吉】**次の問いに答えなさい。**(10点×6)

重要 (1) 織田信長が行った政策について述べた次の文の①・②{　　}のそれぞれにあてはまることばを，**ア**・**イ**から選び，記号で答えなさい。〔北海道〕

①[　　]　②[　　]

商工業の発展をはかるため，①{**ア** 関所　**イ** 問丸(問)}を廃止して物資の流通をさかんにするとともに，②{**ア** 検地　**イ** 楽市・楽座}を実施して営業の自由を認めるなどした。

(2) 豊臣秀吉について述べた文を，次の**ア**～**エ**から1つ選び，記号で答えなさい。〔和歌山〕　[　　]

ア 倭寇を取りしまり，勘合貿易を開始した。
イ 貿易港を長崎に限定し，貿易の統制を行った。
ウ 執権の地位につき，将軍を補佐して政治を行った。
エ 関白の地位につき，天皇の権威を利用して政治を行った。

(3) 太閤検地が行われた後の社会のようすを述べているのはどれか，次の**ア**～**エ**から1つ選び，記号で答えなさい。〔福岡〕　[　　]

ア 地頭が荘園におかれた。
イ 石高に応じて年貢が納められた。
ウ 租・調・庸の税が課せられた。
エ 惣という自治組織がつくられた。

(4) 佐賀県の有田焼など，日本の陶器や磁器には，16世紀末から17世紀初めに朝鮮半島から優れた技術が伝わってつくられるようになったものも多い。この技術の伝来ともっとも関係が深い人物はどれか，次の**ア**～**エ**から1つ選び，記号で答えなさい。〔栃木一改〕　[　　]

ア 全国統一を完成した人物　**イ** 室町幕府をほろぼした人物
ウ 長篠の戦いで敗れた人物　**エ** 本能寺の変をおこした人物

(5) 安土桃山時代に歌舞伎踊りをはじめた人物を，次の**ア**～**エ**から1つ選び，記号で答えなさい。　[　　]

ア 狩野永徳　**イ** 雪舟　**ウ** 観阿弥　**エ** 出雲の阿国

2 (1) 織田信長は商業がさかんになるような政策を行った。
(4) 2度にわたって朝鮮侵略を行った人物である。

第6日 江戸幕府の成立と発展

試験に出る重要図表

✎[　]にあてはまる語句を答えなさい。

確認 1600年は16世紀，1601年は17世紀。

時代	近世（安土桃山時代／江戸時代）
1600	〔①　　〕の戦い
1603	徳川〔②　　〕が**征夷大将軍**になり、**江戸幕府**を開く
1635	**参勤交代**が制度化される
1637	キリスト教徒らによる〔③　　〕**一揆**
1639	〔④　　〕船の日本来航禁止
1716	将軍徳川〔⑤　　〕の**享保の改革**が始まる
1772	老中〔⑥　　〕の政治が始まる
1782	〔⑦　　〕のききん
1787	〔⑧　　〕**の改革**が始まる
1792	〔⑨　　〕の使節が根室に来航
1825	**異国船打払令**が出される
1833	天保のききんがおこる
1837	大阪で〔⑩　　〕の乱がおこる
1841	**天保の改革**が始まる
朝鮮	朝鮮国
中国	明／1644 清
世界	市民革命が各地でおこる

❶ 江戸幕府のしくみ

確認 上方とは大阪や京都とその周辺のこと。

- **将軍**
  - 〔⑪　　〕（臨時職）
  - **老中**（常時の最高職）
    - **遠国奉行**（おもな幕府領の支配）
    - **町奉行**（江戸の行政・裁判・警察）
    - **大目付**（幕府政治・大名の監視）
    - **勘定奉行**（幕府の財政）
      - 郡代（大きな幕府領に）
      - 代官（小さな幕府領に）
  - **若年寄**（老中補佐）－目付（旗本・御家人の監視）
  - **寺社奉行**（寺社の取りしまり）
  - 〔⑫　　〕（京都の警備，朝廷・西国大名の監視）
  - **大阪城代**（西国大名の監視）

❷ 江戸時代の文化

〈**元禄文化**（上方が中心）〉

- 〔⑬　　〕（人形浄瑠璃の脚本）
- 井原西鶴（浮世草子）
- 松尾芭蕉（俳諧）

〈**化政文化**（江戸が中心）〉

- 葛飾北斎（浮世絵）
- 曲亭（滝沢）馬琴（小説）
- 与謝蕪村（俳諧）

解答 ①関ヶ原　②家康　③島原・天草　④ポルトガル　⑤吉宗　⑥田沼意次　⑦天明　⑧寛政　⑨ロシア　⑩大塩（平八郎）　⑪大老　⑫京都所司代　⑬近松門左衛門

ここをおさえる！

① 室町時代の座と江戸時代の株仲間を混同しないようにする。
② 享保の改革→田沼意次の政治→寛政の改革→天保の改革の順。
③ 元禄文化は大阪や京都，化政文化は江戸を中心に栄えた。

解答→別冊９ページ

Check1 用　語（⇨試験に出る重要図表 年表）

□① 大名が１年おきに江戸と領国に住むことを定めた制度を何といいますか。
［　　　　　］

□② 読み・書き・そろばんなどの実用的なことを教えた，江戸時代の庶民(しょみん)教育の場を何といいますか。［　　　　　］

□③ 都市の民衆が大商人・金融(きんゆう)業者・米商人などを襲(おそ)った，百姓一揆(ひゃくしょういっき)と並ぶ江戸時代の集団的抗議(こうぎ)行動を何といいますか。［　　　　　］

Check2 人　物（⇨試験に出る重要図表 ❷）

□④『風神雷神図屏風(ふうじんらいじんずびょうぶ)』を描いた絵師はだれですか。［　　　　　］

□⑤『古事記(こじき)』を研究して『古事記伝』を著(あらわ)し，国学を大成した人物はだれですか。［　　　　　］

□⑥ オランダ語の人体解剖(かいぼう)書を翻訳(ほんやく)して，『解体新書』を著した中心的な２人の医師はだれとだれですか。［　　　　　］［　　　　　］

□⑦『富嶽(ふがく)三十六景』をえがいた浮世絵師(うきよえし)はだれですか。［　　　　　］

□⑧ 異国船打払令(うちはらいれい)などを批判して高野長英(たかのちょうえい)とともに処罰(しょばつ)され，のち自殺した蘭(らん)学者で，画人としても著名な人物はだれですか。［　　　　　］

Check3 できごと（⇨試験に出る重要図表 年表）

□⑨ 徳川(とくがわ)氏が豊臣(とよとみ)氏をほろぼした1614年と15年の２度にわたる戦いを何といいますか。［　　　　　］

□⑩ 1742年，８代将軍の命令で編さんされた，裁判の基準などをまとめた法律を何といいますか。［　　　　　］

記述問題　次の問いに答えなさい。

□大名の蔵屋敷(くらやしき)が大阪に置かれた理由を，簡潔に答えなさい。

［　　　　　　　　　　　　　　　　］

［　月　日］

第6日 入試実戦テスト

時間 25分　合格 80点　得点 ／100

解答→別冊9ページ

1 【江戸時代の改革政治ほか】**右の年表を読んで，次の問いに答えなさい。**

（8点×7）

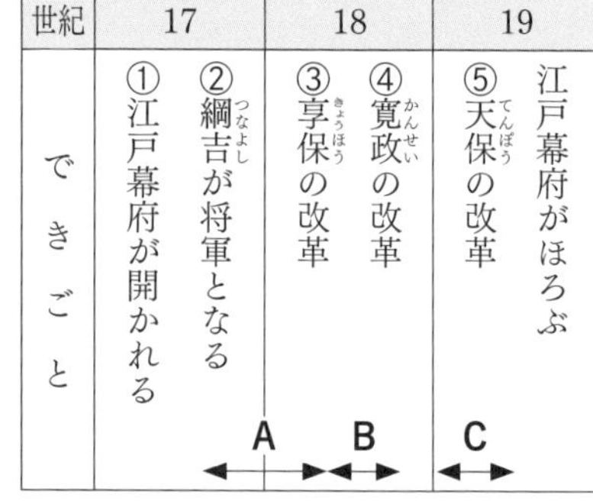

世紀	17	18	19
できごと	①江戸幕府が開かれる　②綱吉が将軍となる	③享保の改革　④寛政の改革	⑤天保の改革　江戸幕府がほろぶ

(1) 表中①〜②の間のできごとを，次の**ア〜エ**から１つ選び，記号で答えなさい。［　　］

ア 応仁の乱　**イ** 関ヶ原の戦い

ウ 島原・天草一揆　**エ** 承久の乱

(2) 表中の④の改革を進めた老中の名を答えなさい。［　　　　］

(3) 表中③・④・⑤のそれぞれの改革に，もっとも関係の深いことがらを，次の**ア〜カ**から１つずつ選び，記号で答えなさい。

③［　　］④［　　］⑤［　　］

ア 武士の政治のよりどころとなる御成敗式目（貞永式目）を定めた。

イ 昌平坂学問所では，朱子学以外の学問を禁じることにした。

ウ 幕府は財政をつかさどる政所を設けた。

エ 裁判の公正をはかるため，公事方御定書をつくった。

オ 楽市・楽座令を出して，商工業の自由を認めた。

カ 江戸・大阪周辺の大名や旗本の領地を，幕府の直轄領にしようとした。

重要 (4) 元禄文化が上方で発達した時期を，年表中の**A〜C**から１つ選び，記号で答えなさい。また，元禄文化の説明として適切なものを，次の**ア〜エ**から１つ選び，記号で答えなさい。〔千葉−改〕　時期［　　］　説明［　　］

ア 歌川広重が描いた風景画として「東海道五十三次」がある。

イ 杉田玄白らが西洋医学の解剖書を翻訳した「解体新書」が出版された。

ウ 十返舎一九が庶民の生活を生き生きと描き，「東海道中膝栗毛」をあらわした。

エ 松尾芭蕉が俳諧を芸術に高め，「おくのほそ道」をあらわした。

Key Points

1 (1) 江戸幕府は1603年に開かれた。

(4) 元禄文化は5代将軍のころに栄えた。

2 【江戸時代の対外関係ほか】**次の江戸幕府の支配体制や外交政策に関する問いに答えなさい。**（11点×４）

(1) 江戸時代の幕藩体制について述べた文として誤っているものを，次の**ア**～**オ**から１つ選び，記号で答えなさい。〔久留米大附高一改〕　［　　］

ア 武士と農工商との間に厳しい身分の上下が設けられたが，それを支えるうえで朱子学が大きな役割を果たした。

イ 江戸幕府は，江戸・京都・大阪・長崎・奈良などの都市や佐渡金山などの鉱山を直接支配した。

ウ 江戸幕府には，政務をまとめる老中や寺社奉行・勘定奉行・町奉行の三奉行，大名の監視をする若年寄，京都の警護・朝廷や西国大名の監視などを担当する京都所司代などがおかれた。

エ 江戸幕府の直轄地と旗本・御家人領を合わせると約700万石で，これは全国の約４分の１にあたった。

オ 江戸幕府は通貨の発行権をにぎり，金座・銀座で大判・小判といった金貨や丁銀・豆板銀などの銀貨をつくったほか，寛永通宝とよばれる銅貨を大量につくった。

(2) 次の問いに答えなさい。

① 島原・天草一揆の原因の１つに江戸幕府の政策があげられる。その政策およびねらいとして，もっともあてはまるものを，次の**ア**～**エ**から１つ選び，記号で答えなさい。　［　　］

ア 禁教令によるキリスト教徒の迫害

イ 生類憐みの令による動物の保護

ウ 異国船打払令による外国の警戒

エ 刀狩令による武器の没収

② スペイン船やポルトガル船が来航を禁じられたのちも，長崎の出島で江戸時代に日本と貿易を行ったヨーロッパの国はどこか。国名を答えなさい。　［　　　］

重要 ③ 江戸時代に，対馬藩は朝鮮と貿易を行っており，また，将軍の代がわりなどの際に朝鮮からの使節が江戸を訪れた。朝鮮からのこの使節は何とよばれているか。答えなさい。〔大阪一改〕　［　　　］

2 (2) ①島原・天草一揆はキリスト教徒などの農民がおこした。
②のちの蘭学と関係のある国である。

[　月　日]

第7日 ヨーロッパの近代化と日本の開国

試験に出る重要図表

✎[　]にあてはまる語句を答えなさい。

確認 1701～1800年は18世紀，1801～1900年は19世紀。

時代	近世(ヨーロッパ・アメリカ合衆国は近代へ) 江戸時代
重要事項	1689 イギリスで[①　]の章典が出される 1783 [②　]がイギリスから独立達成 1789 [③　]革命が始まり、**人権宣言**が発せられる 1840 イギリス・清間で[④　]戦争(～42) 1851 中国で[⑤　]の乱がおこる 1853 **ペリー**が浦賀に来航 1854 **日米和親条約**が結ばれる 1858 **日米修好通商条約**が結ばれる 1860 **桜田門外の変**で[⑥　]が暗殺 1866 [⑦　]同盟の成立 1867 [⑧　]**奉還** [⑨　]の大号令が発せられる 1868 [⑩　]**戦争**が始まる
朝鮮	朝鮮国
中国	清
世界	産業革命が始まる　近代市民社会の形成

❶ 日米和親条約と日米修好通商条約

確認 ペリーが上陸したのは浦賀である。

	日米和親条約	日米修好通商条約
結ばれた年	1854年	1858年
アメリカの代表者	ペリー	ハリス
おもな内容	○燃料・水・食料の補給 ○漂流民の保護	○自由貿易を認める。 ○**領事裁判権を認め,**[⑪　]権をもたない。
開かれた港	○**下田・函館**	○函館・神奈川(横浜)・長崎・新潟・[⑫　]

❷ 日本の貿易(1865年)

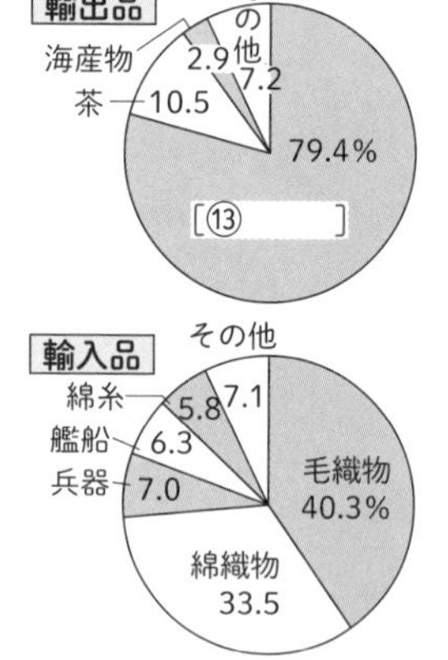

解答 ①権利 ②アメリカ合衆国 ③フランス ④アヘン ⑤太平天国 ⑥井伊直弼 ⑦薩長 ⑧大政 ⑨王政復古 ⑩戊辰 ⑪関税自主 ⑫兵庫(神戸) ⑬生糸

① アメリカ独立戦争の影響でフランス革命がおこった。
② 産業革命→市場の開拓→植民地の拡大の流れをおさえる。
③ 薩摩藩は鹿児島県，長州藩は山口県，土佐藩は高知県。

解答→別冊 10 ページ

Check1 用　語（⇨試験に出る重要図表 年表）

□① 1789 年にフランス革命で出された，自由と平等をうたった宣言を何といいますか。 [　　　　]

□② 産業革命を真っ先に推進したイギリスは，19 世紀には「世界の何」とよばれるようになりましたか。 [　　　　]

□③ アヘン戦争の講和条約は何条約ですか。 [　　　　]

□④ 幕末，開国に反対し，天皇を尊び外国人を追いはらうという思想を何といいますか。 [　　　　]

Check2 人　物（⇨試験に出る重要図表 年表・❶）

□⑤ 18 世紀後半に蒸気機関を画期的に改良し，産業革命を大きく推進したイギリス人技師はだれですか。 [　　　　]

□⑥ フランス革命末期の混乱のなかから台頭し，ヨーロッパの大部分を征服(せいふく)したフランスの軍人はだれですか。 [　　　　]

□⑦ 1858 年に日米修好通商条約を日本に結ばせたアメリカ総領事はだれですか。また，この条約を結んだ幕府の大老(たいろう)はだれですか。

総領事[　　　　]　大老[　　　　]

□⑧ 1866 年に成立した薩長同盟(さっちょうどうめい)を仲介した土佐藩(とさはん)出身の人物は中岡慎太郎(なかおかしんたろう)とだれですか。 [　　　　]

Check3 できごと（⇨試験に出る重要図表 年表）

□⑨ 1857 年に，イギリスの進出に対する民族的大反乱がおこったのはアジアのどこですか。 [　　　　]

□⑩ 1861 年に，アメリカ合衆国で，自由貿易や奴隷(どれい)制をおもな争点にしておこった内戦は何戦争ですか。 [　　　　]

記述問題 次の問いに答えなさい。

□大政奉還(たいせいほうかん)とはどのようなできごとか，簡潔に答えなさい。

[　　　　　　　　　　　　]

［　月　日］

第7日 入試実戦テスト

時間 25分　合格 80点　得点　／100

解答→別冊 10 ページ

1 【17〜19 世紀のヨーロッパなど】**次の問いに答えなさい。**(7点×4)

(1) 17 世紀末のイギリスのできごととしてもっとも適切なものを，次の**ア**〜**エ**から1つ選び，記号で答えなさい。〔大分一改〕［　　］

ア 産業革命により，工場で安い綿布などが大量につくられるようになった。

イ 国王の専制政治に反対して2度の革命がおこり，議会政治が確立した。

ウ 成人の男女に平等の選挙権があたえられ，労働者の権利も認められた。

エ 労働災害や貧富差をめぐる社会問題が生じ，社会主義の思想が芽ばえた。

(2) 1840 年，中国(清)で戦争がおこった。右の図は，この戦争の原因となった「三角貿易」を表している。この図の**A**には国名，**B**には品目をそれぞれ答えなさい。

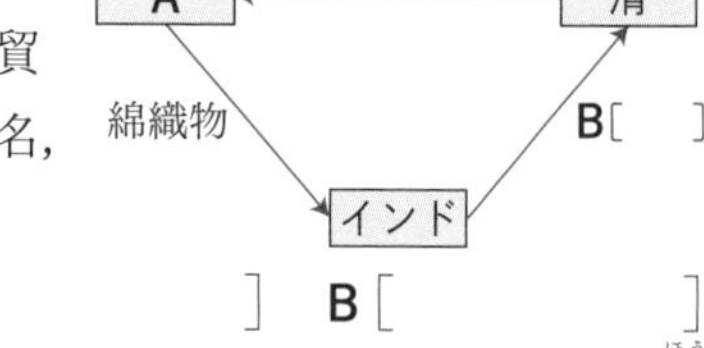

〔富山一改〕 **A**［　　　　］ **B**［　　　　］

(3) 現在の山口県にあたる藩(はん)は，イギリスなど4か国から前年の外国船への砲撃(ほうげき)の報復攻撃を受け，下関砲台が占領(せんりょう)された。このころに海外でおこったできごととしてもっとも近いものを，次の**ア**〜**エ**から1つ選び，記号で答えなさい。〔宮崎一改〕［　　］

ア フランスでは，フランス革命がおこった。

イ ヨーロッパでは，ルネサンスが広まった。

ウ ロシアでは，社会主義革命がおこった。

エ アメリカでは，南北戦争がおこった。

2 【江戸時代末期】**次の問いに答えなさい。**(8点×9)

(1) ペリーが来航し，幕府はアメリカとの間で，下田，函館(はこだて)の二港の開港などを認める条約を結んだ。この条約を何というか，答えなさい。〔岡山一改〕

［　　　　　　］

Key Points

1 (1) 市民革命と産業革命はイギリスで最初におこった。
(2) イギリスは麻薬(まやく)を中国へ大量に密輸(みつゆ)した。

(2) 次の文中の□にあてはまる語を答えなさい。

1858年に結ばれた日米修好通商条約は，日本にとって不平等な内容を含んでいた。その1つは□を日本が認めていた点である。

［　　　］

(3) 日米修好通商条約により自由な貿易が始まった。この貿易が人々の生活にあたえた影響について正しいものを，次の**ア**～**エ**から2つ選び，記号で答えなさい。〔長野〕　［　　］［　　］

ア 生糸(きいと)・茶が輸出され，値段が下がった。

イ 生糸・茶が輸出され，値段が上がった。

ウ 米の値段が上がり，生活が苦しくなった。

エ 米の値段が下がり，生活が楽になった。

(4) 右の表中の**T**にあてはまる地名を答えなさい。〔福島〕

［　　　］

表　おもな港における，1861年と1864年の日本の貿易額に占める輸出入額の割合(%)

		T港	長崎港	函館港
1861年	輸出額	70.9	26.4	2.7
	輸入額	63.2	35.1	1.7
1864年	輸出額	85.1	11.0	3.9
	輸入額	68.5	29.8	1.7

(「幕末貿易史の研究」)

(5) 次の文中の①・②にあてはまる語を答えなさい。〔富山〕

天皇を尊(たっと)び外国人を追い払うという□①□の考えが強かった□②□藩は，1863年，下関(しものせき)(関門)海峡を通過する外国船を砲撃したが，翌年，4か国の艦隊による報復攻撃を受け，下関砲台を占領された。　①［　　　］　②［　　　］

(6) 幕末に，右の歴史資料に示すような「奇妙な大衆行動」がおこった。この大衆行動は何とよばれたか。その名称を答えなさい。〔奈良〕　［　　　］

一八六七年の八月ごろから名古屋あたりに、伊勢(いせ)神宮のお札が天から降ってきたとのうわさがきっかけで、人々の間に奇妙なうたと乱舞が起こった。やがて奈良や三輪(みわ)にも、この奇妙な大衆行動の嵐(あらし)が及んできた。

(「桜井(さくらい)市史」)

(7) 王政復古の大号令のあと，約1年半にわたって新政府軍と旧幕府軍との間で戦争が続くが，この戦争を何というか，答えなさい。〔島根〕　［　　　］

2 (3) 輸出されたものは国内で品不足となって値段が上がり，輸入されたものは国内製品が売れなくなった。

［　月　日］

第8日 近代日本の歩み

試験に出る重要図表

✎［　］にあてはまる語句を答えなさい。

確認　1877年の西南戦争後，武力ではなく言論で政府を批判する自由民権運動がいっそう高まった。

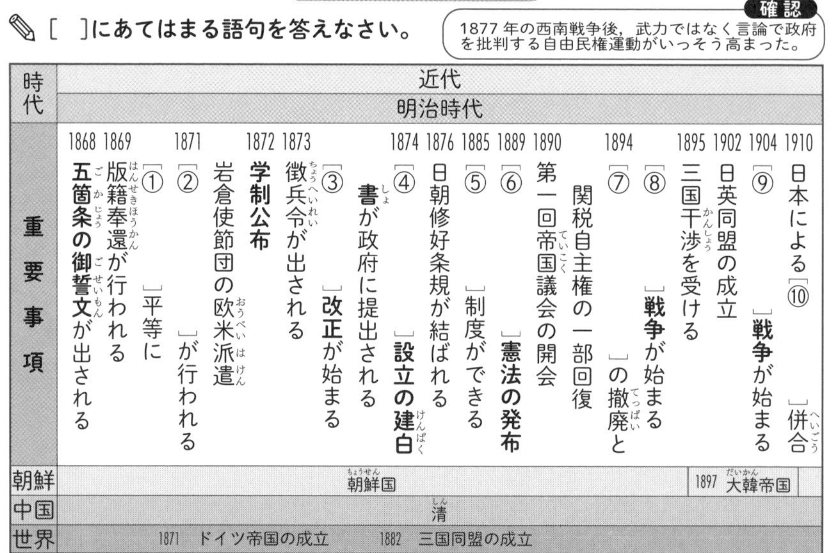

時代	近代
	明治時代

年	重要事項
1868	五箇条の御誓文が出される
1869	版籍奉還が行われる
	［①　　］平等に
1871	［②　　］が行われる
	岩倉使節団の欧米派遣
1872	学制公布
1873	徴兵令が出される
	［③　　］改正が始まる
1874	［④　　］設立の建白書が政府に提出される
1876	日朝修好条規が結ばれる
1885	［⑤　　］制度ができる
1889	［⑥　　］憲法の発布
1890	第一回帝国議会の開会
1894	［⑦　　］の撤廃と関税自主権の一部回復
	［⑧　　］戦争が始まる
1895	三国干渉を受ける
1902	日英同盟の成立
1904	［⑨　　］戦争が始まる
1910	日本による［⑩　　］併合

朝鮮	朝鮮国	1897 大韓帝国
中国	清	
世界	1871 ドイツ帝国の成立　1882 三国同盟の成立	

❶ 明治新政府の政策

確認　庶民にはキリスト教の禁止などを定めた五榜の掲示が出された。

基本方針	五箇条の御誓文
年号・首都	明治（1868年）・東京（1869年）
中央集権化	版籍奉還，廃藩置県
身分制度の廃止	四民平等，解放令
教育制度	学制
兵制	徴兵令
土地制度・税制	地租改正
近代産業育成策	殖産［⑪　　］，官営工場
近代的生活	文明開化

❷ 条約改正とその前後

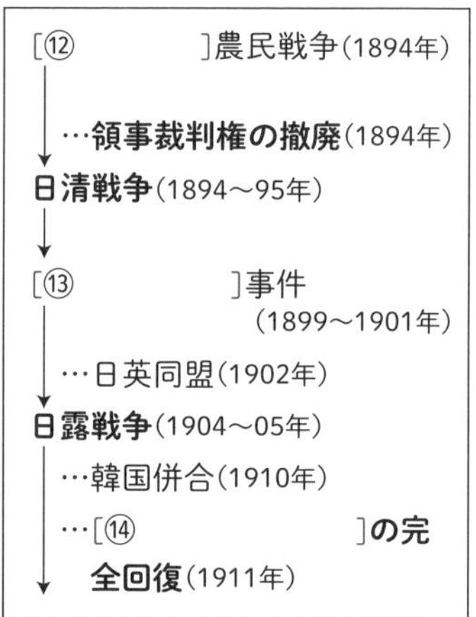

［⑫　　］農民戦争（1894年）
…**領事裁判権の撤廃**（1894年）
日清戦争（1894～95年）
［⑬　　］事件（1899～1901年）
…日英同盟（1902年）
日露戦争（1904～05年）
…韓国併合（1910年）
…［⑭　　］**の完全回復**（1911年）

解答　①四民　②廃藩置県　③地租　④民撰議院　⑤内閣　⑥大日本帝国　⑦領事裁判権（治外法権）　⑧日清　⑨日露　⑩韓国　⑪興業　⑫甲午　⑬義和団　⑭関税自主権

ここをおさえる!

① 日清戦争前に領事裁判権を撤廃，日露戦争後に関税自主権を回復。
② 日本に三国干渉を行ったのはロシアとフランスとドイツ。
③ ポーツマス条約では賠償金を得られなかった点をおさえる。

解答→別冊 11 ページ

Check1 用　語（⇨試験に出る重要図表 年表・❷）

□① 樺太・千島交換条約で日本領とされたのはどこですか。 [　　　　]

□② 自由民権運動中，板垣退助・大隈重信それぞれを党首として結党された政党は何党ですか。 板垣退助[　　　　] 大隈重信[　　　　]

□③ 日清戦争の講和条約は何ですか。 [　　　　]

Check2 人　物（⇨試験に出る重要図表 年表）

□④ 明治新政府で活躍し，初代内閣総理大臣，初代枢密院議長，初代韓国統監などを歴任した，長州藩出身の人物はだれですか。 [　　　　]

□⑤『学問のすゝめ』などを書き，西洋思想を紹介した啓蒙思想家で慶應義塾の創立者はだれですか。 [　　　　]

□⑥ 小説『吾輩は猫である』『草枕』などを書いた文学者はだれですか。 [　　　　]

□⑦『湖畔』『読書』『舞妓』などを描き，日本に印象派の画風を紹介した画家はだれですか。 [　　　　]

Check3 できごと（⇨試験に出る重要図表 年表）

□⑧ 旧薩摩藩の不平士族たちが西郷隆盛をおしたてて 1877 年におこした反乱は何戦争ですか。 [　　　　]

□⑨ 1910 年，幸徳秋水らの社会主義者たちが逮捕された事件は何事件ですか。 [　　　　]

□⑩ 清朝を打倒し，中華民国政府を樹立することになる 1911 年に始まった革命を何といいますか。 [　　　　]

記述問題 次の問いに答えなさい。

□ 新政府が富国強兵でめざした点を，2つ簡潔に答えなさい。

[　　　　]

[　　　　]

［　月　日］

第8日 入試実戦テスト

時間 25分　合格 80点　得点 ／100

解答→別冊11ページ

1 【明治時代前期】次の問いに答えなさい。（10点×6）

(1) 明治新政府が発表した右の史料を何といいますか。また，史料の□に正しくあてはまるものは，次のア～エのどれか。1つ選び，記号で答えなさい。〔神奈川一改〕

一．広ク□ヲ興シ万機公論ニ決スヘシ
一．上下心ヲ一ニシテ盛ニ経綸ヲ行フヘシ
一．官武一途庶民ニ至ル迄各其志ヲ遂ケ人心ヲシテ倦マサラシメンコトヲ要ス
一．旧来ノ陋習ヲ破リ天地ノ公道ニ基クヘシ
一．智(知)識ヲ世界ニ求メ大ニ皇基ヲ振起スヘシ

史料名［　　　　］　記号［　　］

ア 儒学　**イ** 幕府　**ウ** 会議　**エ** 攘夷

(2) 徴兵令により，全国統一の近代的な軍隊がつくられ，明治新政府はこの軍隊を動員して，もっとも大規模な士族の反乱を鎮圧した。鎮圧した場所を，右の地図のa～eから1つ選び，記号で答えなさい。〔秋田〕　［　　］

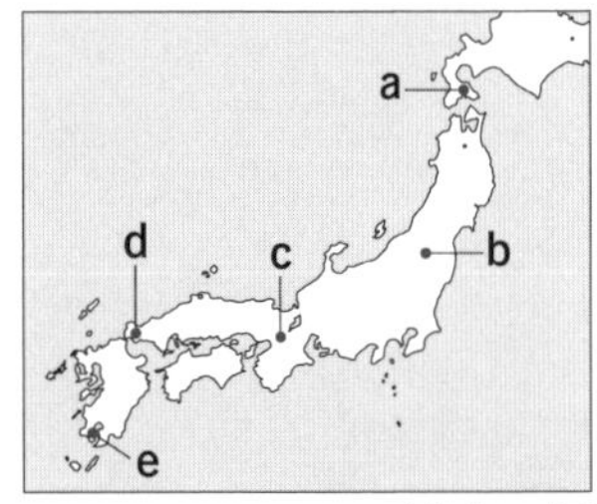

記述 (3) 明治維新のさまざまな改革のなかで，1872年に制定され，6歳以上の子どもに教育を受けさせることとした法令は何か，答えなさい。また，これにより全国各地に小学校がつくられたが，初めのうちは就学率が低かったのはなぜか，その理由を1つ答えなさい。〔石川〕

法令［　　　］

理由［　　　　　　　　　　］

(4) 自由民権運動中，1880年に国会期成同盟が結成されたが，その翌年のできごとを，次のア～エから1つ選び，記号で答えなさい。〔神奈川一改〕　［　　］

ア 農民たちは困民党をつくり，秩父事件をおこした。

イ 衆議院議員の総選挙が初めて行われた。

ウ 大日本帝国憲法が発布された。

エ 板垣退助らが自由党を結成した。

Key Points

1 (1) 天皇が神々に誓うという形で出された宣言である。
(2) もっとも大規模な士族の反乱は西郷隆盛を中心としておこった。

2 【地租改正ほか】**次の文を読んで，あとの問いに答えなさい。**(8点×5)

明治政府は，A富岡製糸場をはじめ多くの官営模範(もはん)工場を各地につくり，民間産業の模範を示した。また，国の財政の基礎を固めるため，B1873年，地租改正に着手し，毎年，安定した財政収入を得ることをめざした。

一方，対外的な面では，はっきりしていなかった国境を定めるため，1875年，樺太(からふと)・千島列島についてロシアと条約を結び，その結果，［ C ］となった。やがて，日清戦争・D日露戦争を経て，日本は国際的な地位を固めた。

(1) 下線部Aがつくられた現在の都府県を，次の**ア～エ**から1つ選び，記号で答えなさい。［　　］

ア 東京都　**イ** 大阪府　**ウ** 長野県　**エ** 群馬県

(2) 下線部Bについて次の文の［　］にあてはまる語句を答えなさい。また，{　}の中からもっとも適切なものを1つ選び，記号で答えなさい。

語句［　　　　］　記号［　　］

政府は，地券を発行して土地の所有権を認め，［　　］の3％にあたる地租を，毎年，土地の所有者から{**ア** 米　**イ** 現金　**ウ** 労役　**エ** 特産物}で納めさせることにした。

(3) 文中の［ C ］にあてはまるものを，次の**ア～エ**から1つ選び，記号で答えなさい。〔愛媛一改〕［　　］

ア 樺太はロシア領，千島列島は日本領

イ 樺太は日本領，千島列島はロシア領

ウ 樺太・千島列島ともに日本領

エ 樺太・千島列島ともにロシア領

(4) 下線部Dの講和条約で定められたこととしてもっともあてはまるものを，次の**ア～エ**から1つ選び，記号で答えなさい。〔神奈川一改〕［　　］

ア 満州(まんしゅう)の長春(ちょうしゅん)(チャンチュン)以南の鉄道を日本にゆずること。

イ 多額の賠償金(ばいしょうきん)を日本に支払うことと台湾(たいわん)などを日本にゆずること。

ウ 日本が遼東(りょうとう)(リアオトン)半島を返還すること。

エ 下田(しもだ)と函館(はこだて)の2港を開くこと。

2 (1) 養蚕(ようさん)のさかんな地域に製糸場がつくられた。
(2) 1877年には3%から2.5%に軽減された。

[　月　日]

第9日 二度の世界大戦と日本

試験に出る重要図表

✎[　]にあてはまる語句を答えなさい。

確認 関東大震災のあとには金融恐慌がおこった。

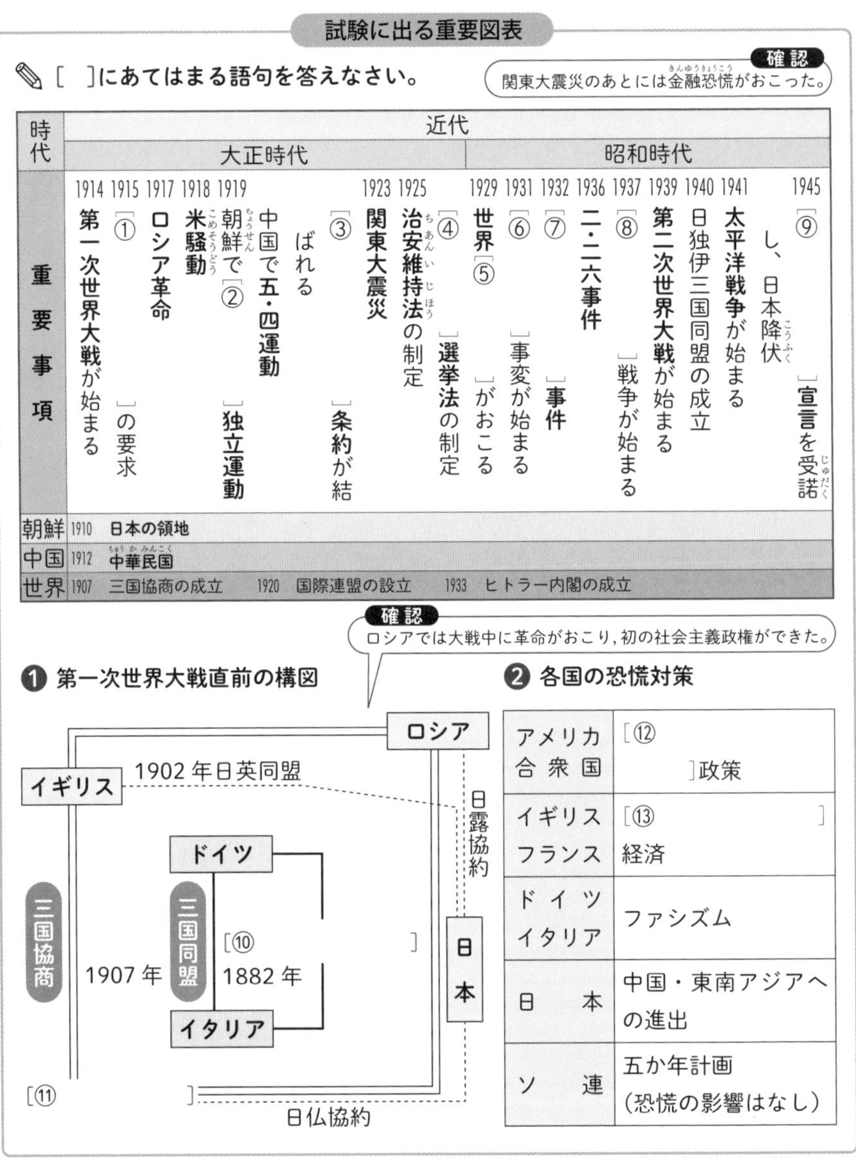

❷ 各国の恐慌対策

アメリカ合衆国	[⑫　]政策
イギリス フランス	[⑬　]経済
ドイツ イタリア	ファシズム
日本	中国・東南アジアへの進出
ソ連	五か年計画（恐慌の影響はなし）

解答 ①二十一か条 ②三・一 ③ベルサイユ ④普通 ⑤恐慌 ⑥満州 ⑦五・一五 ⑧日中 ⑨ポツダム ⑩オーストリア ⑪フランス ⑫ニューディール ⑬ブロック

ここをおさえる!

① 第一次世界大戦のきっかけとなったのはサラエボ事件。
② ロシア革命→シベリア出兵→米騒動(こめそうどう)のつながりをおさえる。
③ 1939 年に第二次世界大戦，1941 年に太平洋戦争がおこった。

解答→別冊 12 ページ

Check1 用　語（⇨試験に出る重要図表 年表）

□① 第一次世界大戦中に提唱された，各民族の自主的な政治的決定権のことを何といいますか。 [　　　　]

□② 1940 年，ほとんどの政党が自主的に解党して 1 つにまとまり，戦争に協力した組織を何といいますか。 [　　　　]

□③ 太平洋戦争の戦災を避(さ)けるために，大都市の小学生たちを農山村などへ移動させたことを何といいますか。 [　　　　]

Check2 人　物（⇨試験に出る重要図表 年表・❷）

□④ 民本主義を提唱した政治学者はだれですか。 [　　　　]

□⑤ 非暴力・不服従を唱え，インドの民族独立運動を指導した人物はだれですか。 [　　　　]

□⑥ ニューディールを展開し，また，第二次世界大戦中，連合国側を指導したアメリカ合衆国大統領はだれですか。 [　　　　]

Check3 できごと（⇨試験に出る重要図表 年表・❶）

□⑦ 1914 年，第一次世界大戦のきっかけとなった，オーストリア皇太子夫妻暗殺事件を何といいますか。 [　　　　]

□⑧ 1920 年，世界平和と国際協調のための国際組織が設立されたが，この国際組織を何といいますか。 [　　　　]

□⑨ 1936 年に日本でおこった，陸軍青年将校の一部を中心にしたクーデター未(み)遂(すい)事件は何事件ですか。 [　　　　]

□⑩ 1937 年に北京(ペキン)郊外でおこった盧溝橋(ろこうきょう／ルーコウチアオ)事件をきっかけにおこった戦争を何といいますか。 [　　　　]

記述問題 次の問いに答えなさい。

□ 1918 年に米騒動がおこった背景を簡潔に答えなさい。

[　　　　　　　　　　　　　　　　　　　　]

第9日 入試実戦テスト

時間 25分　合格 80点　得点 ／100

解答→別冊13ページ

1 【大正時代】**右下の図を見て，次の問いに答えなさい。**（10点×6）

(1) グラフ中の**P**の時期は，貿易額が急激に伸び，輸出超過になっている。これはある戦争がおきたからである。その戦争がおこったおもな地域を答えなさい。

［　　　　　］

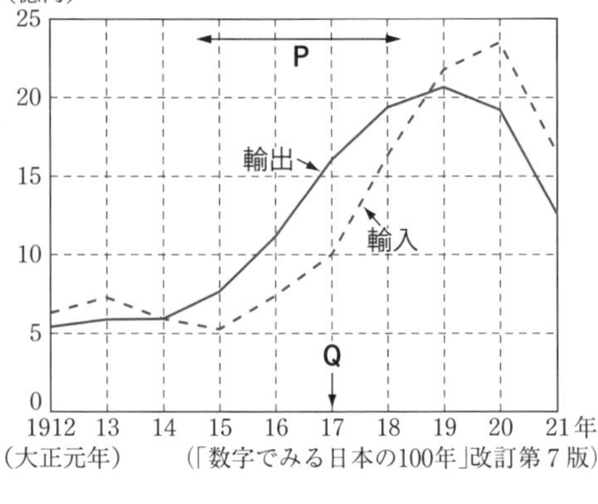

（「数字でみる日本の100年」改訂第7版）

(2) 1918年には好景気のなかで，物価が上昇した。その結果としてこの年におこったできごとを，次の**ア**～**エ**から1つ選び，記号で答えなさい。

［　　］

ア 二・二六事件　**イ** 地租改正　**ウ** 日比谷(ひびや)焼き打ち事件　**エ** 米騒動

(3) 1918年に，日本で最初の本格的な政党内閣が成立した。この内閣の総理大臣を，次の**ア**～**エ**から1つ選び，記号で答えなさい。［　　］

ア 吉田茂　**イ** 伊藤博文(ひろぶみ)　**ウ** 原敬(たかし)　**エ** 加藤高明(たかあき)

(4) このグラフ中の**Q**の年に，ある国では，二度にわたる革命がおこり，その国は世界ではじめての社会主義をめざす国となった。この革命を何というか，答えなさい。［　　　　］

(5) グラフの**P**の時期におこった戦争の結果，ドイツと結ばれた講和条約を，次の**ア**～**エ**から1つ選び，記号で答えなさい。［　　］

ア ベルサイユ条約　**イ** ポーツマス条約　**ウ** 南京(ナンキン)条約　**エ** 下関(しものせき)条約

(6) **P**の時期におこった戦争のあと，国際連盟の設立を提案した人物を，次の**ア**～**エ**から1つ選び，記号で答えなさい。〔山梨〕［　　］

ア ローズベルト　**イ** ガンディー　**ウ** ウィルソン　**エ** スターリン

Key Points

1 (3) 立憲政友会の総裁であった人物である。
(5) 第一次世界大戦の講和会議はパリで開かれた。

2 【世界大戦など】次の問いに答えなさい。(10点×4)

(1) 右の図中**X**，**Y**，**Z**には，残りの**ア**～**ウ**の3枚のカードのいずれかがあてはまる。**Y**にあてはまるものを1つ選び，記号で答えなさい。〔千葉―改〕 [　　　]

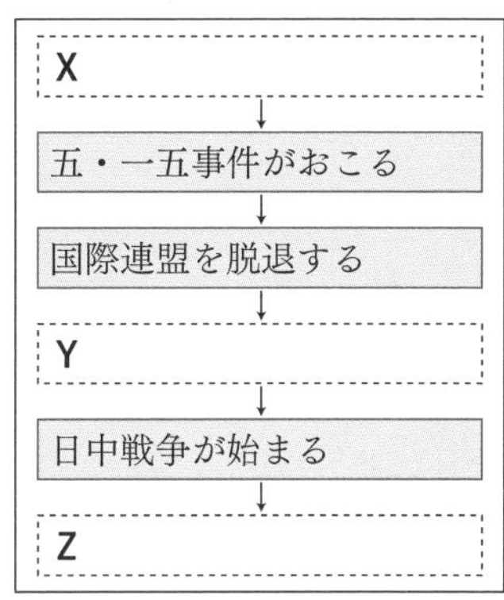

残りのカード3枚

ア 国家総動員法が公布される

イ 二・二六事件がおこる

ウ 満州事変がおこる

(2) 図の時期にドイツでおこったできごとについて述べた文として，正しいものを，次の**ア**～**エ**から1つ選び，記号で答えなさい。〔宮城〕 [　　　]

ア ムッソリーニは，ファシスト党を率いて政権を握り，独裁政治を行った。

イ ヒトラーは，ナチスを率いて政権を握り，国民の言論の自由をうばった。

ウ ルターは宗教改革の口火をきり，カトリック教会の腐敗(ふはい)をただそうとした。

エ ベルリンの壁(かべ)が崩壊(ほうかい)し，東西に分断されていたドイツの統一が進められた。

(3) 右の写真は，第一次世界大戦が終わってからポツダム宣言を受諾(じゅだく)するまでの，ある時期の写真である。この写真の時期の社会のようすについて述べた文として適切なものを，次の**ア**～**エ**から1つ選び，記号で答えなさい。〔静岡〕 [　　　]

ア 生活物資が欠乏(けつぼう)し，ほとんどの品物が配給制になった。

イ 文明開化の風潮が広がり，都市には洋風の建物が増えた。

ウ 働く女性が増え，女性の参政権を求める運動が本格化した。

エ 世界恐慌(きょうこう)の影響を受け，企業の倒産や失業者が増大した。

(4) 第二次世界大戦が終結した1945年におきた次の**a**～**d**のできごとを，おこった順に正しく並べかえなさい。〔神奈川〕 [　　→　　→　　→　　]

a 広島に原子爆弾が投下された。　**b** ドイツが降伏した。

c 長崎に原子爆弾が投下された。　**d** 日本がポツダム宣言を受け入れた。

Key Points

2 (1) 国家総動員法は1938年4月に制定。
(4) 1945年8月14日ポツダム宣言の受諾を通告し，無条件降伏。

[　　月　　日]

第10日 現代の日本と世界

試験に出る重要図表

✎ [　]にあてはまる語句を答えなさい。

確認 1952年に日本は独立を回復。

時代	年	重要事項
現代・昭和時代	1945	**財閥解体**が始まる
	1946	[①　　]改革が始まる **日本国憲法**の公布
	1950	[②　　]戦争が始まる
	1951	[③　　]平和条約の締結 [④　　]保障条約の締結
	1956	[⑤　　]共同宣言に調印 日本が**国際連合**に加盟
	1960	安保闘争がおこる
	1965	**日韓基本条約**の締結
	1972	[⑥　　]が日本に返還 **日中共同声明**に調印
	1973	[⑦　　]**危機**がおこる
現代・平成時代	1989	**ベルリンの壁**が崩壊 マルタ会談で[⑧　　]の終結宣言
	1991	[⑨　　]が崩壊
	1995	**阪神・淡路大震災**がおこる
	2001	**同時多発テロ事件**がおこる
	2011	[⑩　　]**大震災**がおこる
現代・令和時代	2020	新型コロナウイルスの世界的流行
	2021	東京オリンピック・パラリンピック
	2022	ロシアがウクライナへ侵攻

朝鮮	1948 朝鮮民主主義人民共和国(北朝鮮) 1948 大韓民国(韓国)
中国	中華民国 1949 中華人民共和国 (台湾)
世界	1945 国際連合発足　各地の植民地が独立する 1993 ヨーロッパ連合(EU)の発足

❶ 新旧両憲法の比較

確認 主権者とは最終的に政治の決断を行う者のこと。

	大日本帝国憲法	日本国憲法
主権者	**天皇**	[⑪　　]
天皇	国の元首	国・国民統合の**象徴**
国会	貴族院・衆議院	**衆議院・参議院**
内閣総理大臣	[⑫　　]が任命	国会が指名
軍隊	国民に兵役の義務	**戦争放棄**

❷ 国際連盟と国際連合の比較

	国際連盟	国際連合
発足	1920年	1945年
本部	[⑬　　]	ニューヨーク
議決(総会)	全会一致	多数決
平和維持	武力をもたない	[⑭　　]軍を派遣

解答 ①農地　②朝鮮　③サンフランシスコ　④日米安全　⑤日ソ　⑥沖縄　⑦石油　⑧冷戦(冷たい戦争)　⑨ソ連　⑩東日本　⑪国民　⑫天皇　⑬ジュネーブ　⑭国連

ここをおさえる!

① 連合国軍(最高司令官)総司令部(GHQ)が日本の民主化を指導。
② 日米安全保障条約は 1960 年に改定された。
③ ベルリンの壁が崩壊した年に冷戦の終結が宣言された。

解答→別冊 14 ページ

Check1 用 語 (⇨試験に出る重要図表 年表)

□① 1945 年，戦前の日本の経済や産業を独占し，戦争にも深い関係をもったとして解体されたのは何ですか。 [ ]

□② 第二次世界大戦後，本来１つであるべき国が米ソの対立の影響で２つに分断された国を，東アジアとヨーロッパで１つずつ答えなさい。

東アジア[ ] ヨーロッパ[ ]

□③ 1960 年に，日本で，ある条約の改定をめぐって激しい反対運動が展開された。この条約は何条約ですか。 [ ]

□④ 1978 年，日本と中国との間で締結された平和条約を何といいますか。

[ ]

Check2 人 物 (⇨試験に出る重要図表 年表)

□⑤ 中国共産党を指導し，中華人民共和国建国の宣言を行った初代国家主席はだれですか。 [ ]

□⑥ 1951 年，サンフランシスコ平和条約・日米安全保障条約に調印した内閣総理大臣はだれですか。 [ ]

Check3 できごと (⇨試験に出る重要図表 年表)

□⑦ 1973 年に，石油価格の高騰が世界経済に深刻な影響を及ぼした。それを何と呼びますか。 [ ]

□⑧ 1989 年 11 月，ドイツのベルリンで，冷たい戦争(冷戦)終結間近と思わせるできごとがあった。それはどのようなできごとですか。 [ ]

□⑨ 2001 年 9 月 11 日，アメリカ合衆国のニューヨークなどでおこったテロ事件を何といいますか。 [ ]

記述問題 次の問いに答えなさい。

□冷たい戦争(冷戦)とはどのような状況か，簡潔に答えなさい。

[ ]

［　月　日］

第10日 入試実戦テスト

時間 25分　合格 80点　得点　/100

解答→別冊14ページ

1 【戦後改革・高度経済成長】**次の問いに答えなさい。**（10点×2）

(1) 第二次世界大戦後の民主化の中で行われたことがらとしてもっとも適切なものを，次の**ア**～**エ**から１つ選び，記号で答えなさい。〔神奈川〕［　　］

ア 選挙法が改められ，満25歳以上の男子に選挙権が与えられた。

イ 政府が地主の土地を買い上げ，小作人に安く売り渡した。

ウ 土地の租税制度が改められ，課税の基準が収穫高から地価に変更された。

エ 政党の結成がすすみ，自由党や立憲改進党などの政党が結成された。

(2) 高度経済成長期のことがらとしてもっとも適切なものを，次の**ア**～**エ**から１つ選び，記号で答えなさい。〔神奈川〕［　　］

ア 近代的な郵便制度や電信網が整備され始めていた。

イ バブル経済とよばれる株式や土地の価格が大幅に上昇する状態が続いた。

ウ 産業革命が進展し，工場で働く労働者が増加してきた。

エ テレビや電気冷蔵庫などの家電用品が普及した。

2 【サンフランシスコ平和条約】**次の問いに答えなさい。**（8点×5）

(1) サンフランシスコ平和条約について，正しいものを，次の**ア**～**エ**から２つ選び，記号で答えなさい。［　　］［　　］

ア 日本は，アメリカを含む資本主義国など，48か国と平和条約を結んだ。

イ 日米安全保障条約が改正され，アメリカの基地が日本に置かれることになった。

ウ 日本は，ソ連などの社会主義国も含め，すべての国と平和条約を結んだ。

エ 日本は，主権を取りもどし，独立を回復した。

(2) サンフランシスコ平和条約締結以降のことについての次の文章の，**A**，**B**に入る語句としてもっとも適切なものを，あとの**ア**～**カ**から選び，記号で答えなさい。また，**C**にあてはまる条約名を漢字で答えなさい。〔長野〕

A［　　］　**B**［　　］　**C**［　　　条約］

1 (2) 高度経済成長期は朝鮮戦争をきっかけにおこった特需景気のあと1950年代後半から始まり，1973年の石油危機で終わった。

　サンフランシスコ平和条約を結び，しばらくして，日本は(A)へ加盟し国際社会に復帰した。その後，日本国民の強い願いにより，アメリカから(B)が日本に返還された。中国とは，国交が回復され，その記念として日本にパンダが贈(おく)られた。その6年後，(C)条約が結ばれ中国との国交が本格化した。

ア 国際連盟　　**イ** サミット　　**ウ** 国際連合
エ 北方領土　　**オ** 種子島　　**カ** 沖縄

3 【分断国家】**次の問いに答えなさい。**（10点×2）

(1) 第二次世界大戦後，東西の2つの国に分かれていたが，1990年に統一された後，1つの国としてオリンピックに参加している国はどこか。国名を答えなさい。　［　　　］

(2) アテネオリンピックの開会式で一緒に入場行進したが，現在も南北の2つに分かれたままの国がある。そのうち，経済や音楽・テレビ番組など文化の面で日本との交流が深い方の国名を答えなさい。〔沖縄〕［　　　］

4 【戦後の日本】**次の問いに答えなさい。**（10点×2）

(1) 1956年，日本は[A]との共同宣言を出し，[A]の支持も得てある国際組織に加盟した。Aにあてはまる国の名を答えなさい。〔愛媛〕
［　　　］

東海道新幹線の開通

東京オリンピック

(2) 右に示した写真2つのできごとがあった年の後に世界でおこったできごとを，次の**ア**～**エ**からすべて選び，記号で答えなさい。〔山梨〕
［　　　］

ア 朝鮮戦争が始まった。
イ ソ連が崩壊した。
ウ ベトナム戦争が終わった。
エ 中国で五・四運動がおこった。

3 (2) 日本は2つの国のうち，1つだけと国交を結んでいる。
4 (3) 2つの写真はどちらも1964年のできごと。

［　月　日］

総仕上げテスト

時間 40分　合格 80点　得点 ／100

解答→別冊 15 ページ

1 **次の問いに答えなさい。**（5点×6）

(1) 調べ学習を，次の**ア**～**エ**の4つの段階に分けて行ったとする。**ア**を最初の段階とした場合，**イ**～**エ**を調べ学習のもっとも適切な順番に並べかえ，記号で答えなさい。〔奈良一改〕　［**ア** →　→　→　］

ア 学習課題の設定　**イ** 調査による資料収集・分析

ウ 報告書の作成　**エ** 調査計画の立案

(2) 日本の時代を，次の表のように**A**～**C**の3つのグループに分けた。これに関する問いに答えなさい。〔山梨〕

	時　代	区分の仕方
A	縄文，弥生，古墳	文化の特徴による区分
B	奈良，平安，鎌倉，室町，安土・桃山，江戸	政治の中心地による区分
C	明治，大正，昭和，平成，令和	□による区分

① 表中の□にあてはまる語句を答えなさい。［　］

(記述) ② グループ**B**を，さらに右の2つに分けた。**a**と**b**の違いについて，「政治の実権」という語句を必ず使って答えなさい。

a	b
奈良 平安	鎌倉 室町 安土・桃山 江戸

［　］

(3) 次の問いに答えなさい。

① 次の略年表の**A**～**E**は，大きな時代の区分を示している。**B**・**D**にあてはまる組み合わせを，あとの**ア**～**エ**から1つ選び，記号で答えなさい。

［　］

時代	X	古墳	飛鳥	奈良	平安	鎌倉	室町	安土・桃山	Y	明治
	A	B				C			D	E

※略年表中の各時代の幅は，各時代の長さとは関係ない。

ア B－原始　D－古代　**イ** B－古代　D－中世

ウ B－古代　D－近世　**エ** B－近世　D－近代

Key Points

1 (1) 調べる前に必要な準備は何かを考える。

(3) ①近世と近代をまちがえやすいので注意する。

② ①の略年表のXの時代には土偶がつくられた。Xの時代を何というか，答えなさい。 [　　　　　]

③ ①の略年表中のYの時代から始まった農業を，次のア〜エから1つ選び，記号で答えなさい。 [　　　]

ア 二毛作（にもうさく）が始まった。　**イ** 牛馬が開墾に利用されるようになった。
ウ 千歯（せんば）こきが普及した。　**エ** 石包丁（いしぼうちょう）が普及した。

2 **右下の表について，次の問いに答えなさい。**（5点×5，(3)は完答）

(1) 幕府を開いた人物を，表中の**ア**〜**カ**からすべて選び，記号で答えなさい。 [　　　]

時代	おもな人物とその人物が行ったこと		おもなできごと	
			文化	外交
奈良	**ア** 聖武天皇（しょうむ）	1	『古事記（こじき）』ができる	O
平安	**イ** 藤原道長（ふじわらのみちなが）	2	文化の国風化が進む	P
鎌倉	**ウ** 源頼朝（みなもとのよりとも）	3	親鸞（しんらん）が浄土真宗（じょうどしんしゅう）を開く	Q
室町	**エ** 足利尊氏（あしかがたかうじ）	4	雪舟（せっしゅう）が水墨画（すいぼくが）をえがく	R
安土・桃山	**オ** 豊臣秀吉（とよとみひでよし）	5	南蛮（なんばん）文化が栄える	S
江戸	**カ** 松平定信（まつだいらさだのぶ）	寛政（かんせい）の改革	X	鎖国（さこく）

(2) 次の①・②の文は，それぞれ表中1〜5のどれにあてはまりますか。1つずつ選び，記号で答えなさい。

① 国ごとに国分寺・国分尼（に）寺をつくらせる。 [　　　]

② 農民の一揆（いっき）を防ごうと考え，刀狩令（かたながりれい）を出す。 [　　　]

(3) 表中のXに，江戸時代の文化に関する人物と，その人物にもっとも関係の深いことがらをあてはめたい。次のA群の人物とB群のことがらを正しく組み合わせ，記号で答えなさい。 [　　　・　　　]

A群　**あ** 狩野永徳（かのうえいとく）　**い** 近松門左衛門（ちかまつもんざえもん）　**う** 千利休（せんのりきゅう）

B群　**X** 蘭学（らんがく）　**Y** 人形浄瑠璃（じょうるり）

(4) 表中の「外交」の欄に，「遣唐使（けんとうし）を停止する」を入れるとすれば，O〜Sのどれにあてはまりますか。〔福岡一改〕 [　　　]

Key Points
1 (3) ②土偶（どぐう）と埴輪（はにわ）を混同しないように注意する。
2 (1) 鎌倉幕府→室町幕府→江戸幕府の3つをおさえる。

3 右の年表について，問いに答えなさい。(5点×9)

(1) 年表中の下線部Pのアヘン戦争について述べたものを，次のア～エから1つ選び，記号で答えなさい。 [　　]

西暦	ことがら	
1840年	Pアヘン戦争が始まる	X
1914年	第一次世界大戦が始まる	
1925年	Q普通選挙法が成立する	A
1929年	世界恐慌(きょうこう)がおこる	
1936年	二・二六事件がおこる	B
1940年	R日独伊三国同盟が結ばれる	
1945年	GHQによる民主化政策が始まる	
1949年	中華人民共和国が成立する	C
1965年	日韓基本条約に調印する	
1973年	石油危機がおこる	D
1978年	日中平和友好条約に調印する	

ア イギリスが清に対して戦争をおこし，イギリスが勝利した戦争である。
イ 日本と清との間で，朝鮮の支配をめぐって始まった戦争である。
ウ オーストリア皇太子夫妻の暗殺事件をきっかけに始まった戦争である。
エ アメリカ合衆国の南部と北部との間におこった戦争である。

(2) 年表中のXの期間のできごとについて，次の問いに答えなさい。

① 次の文中の[　　]に共通してあてはまる語句を答えなさい。〔北海道〕 [　　　　]

> 明治政府は，朝鮮に国交を結ぶよう求めたが断られた。そのため，政府内には，武力を用いてでも朝鮮を開国させようとする主張である[　　]が高まった。しかし，欧米諸国から帰国した岩倉具視(いわくらともみ)らは国力の充実が優先と考え，[　　]に反対した。

② 日清戦争で結ばれた講和条約を，次のア～エから1つ選び，記号で答えなさい。〔岩手〕 [　　]

ア 下関(しものせき)条約　**イ** ポーツマス条約
ウ 日中平和友好条約　**エ** サンフランシスコ平和条約

3 (2) ①武力を用いてでも朝鮮を開国させようという主張は，西郷隆盛や板垣退助らが唱えた。

(3) 年表中の下線部**Q**の普通選挙法の成立と同じ年に，政府は，天皇中心の国のあり方の変革や私有財産制の廃止をめざす運動を取りしまるための法律を制定した。この法律を何というか，答えなさい。　[　　　　　　]

(4) 下線部**R**について，次の**ア～エ**は，太平洋戦争が始まる直前の国際関係を模式的に表したもので，実線(———)は，わが国が結んだ三国同盟を，破線(‐‐‐‐‐‐‐‐‐)は，ABCD 包囲網(ABCD 包囲陣)をそれぞれ示している。太平洋戦争をめぐる国際関係を表しているものとしてもっとも適切なものを，**ア～エ**から1つ選び，記号で答えなさい。〔岩手〕　[　　　]

ア

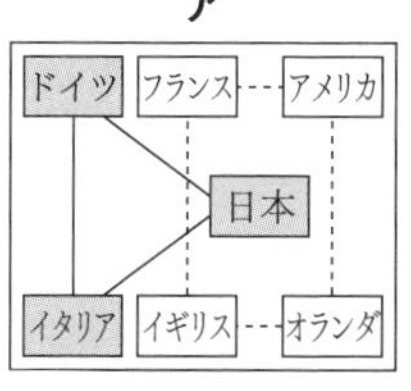

イ

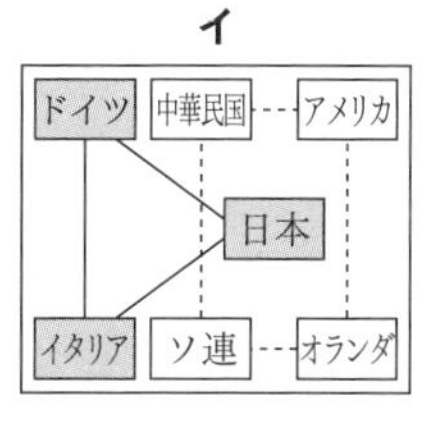

ウ

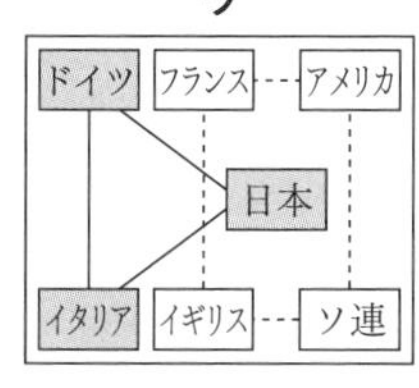

エ

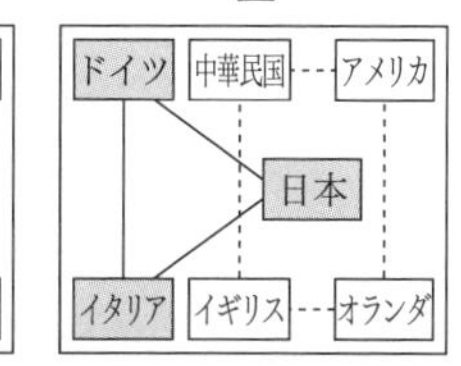

(5) 右の写真は，日本が独立を回復した平和条約に，当時の吉田茂(しげる)首相が調印しているときの写真である。写真の時期を，年表中の**A～D**から1つ選び，記号で答えなさい。　[　　　]

(6) 写真の時期にもっとも近いできごとを，次の**ア～エ**から1つ選び，記号で答えなさい。　[　　　]

ア ソ連の成立　　**イ** 中華人民共和国の成立

ウ 南北ベトナムの統一　　**エ** 東西ドイツの統一

(7) 写真のできごとについて述べた次の文中の[　　　]にあてはまる県名を答えなさい。また，{　}にあてはまる語句を，**ア**，**イ**から選び，記号で答えなさい。〔北海道〕

県名[　　　　　　]　記号[　　　]

> サンフランシスコ平和条約が結ばれた後もアメリカの統治下にあった，現在の[　　　]県は，{**ア** 湾岸　　**イ** ベトナム}戦争の際にアメリカの軍事拠点となった。その後，佐藤栄作内閣のときにアメリカから日本に返還された。

3 (5) 写真はサンフランシスコ講和会議のもの。日本と 48 か国が平和条約を結んだ。
(6) 東西冷戦の対立が深刻化した時期にあたる。

試験における実戦的な攻略ポイント5つ

①問題文をよく読もう！

問題文をよく読み，意味の取り違えや読み間違いがないように注意しよう。
選択肢問題や計算問題，記述式問題など，解答の仕方もあわせて確認しよう。

②解ける問題を確実に得点に結びつけよう！

解ける問題は必ずある。試験が始まったらまず問題全体に目を通し，自分の解けそうな問題から手をつけるようにしよう。くれぐれも簡単な問題をやり残ししないように。

③答えは丁寧な字ではっきり書こう！

答えは，誰が読んでもわかる字で，はっきりと丁寧に書こう。
せっかく解けた問題が誤りと判定されることのないように注意しよう。

④時間配分に注意しよう！

手が止まってしまった場合，あらかじめどのくらい時間をかけるべきかを決めておこう。
解けない問題にこだわりすぎて時間が足りなくなってしまわないように。

⑤答案は必ず見直そう！

できたと思った問題でも，誤字脱字，計算間違いなどをしているかもしれない。ケアレスミスで失点しないためにも，必ず見直しをしよう。

受験日の前日と当日の心がまえ

前日

- 前日まで根を詰めて勉強することは避け，暗記したものを確認する程度にとどめておこう。
- 夕食の前には，試験に必要なものをカバンに入れ，準備を終わらせておこう。
また，試験会場への行き方なども，前日のうちに確認しておこう。
- 夜は早めに寝るようにし，十分な睡眠をとるようにしよう。もし翌日の試験のことで緊張して眠れなくても，遅くまでスマートフォンなどを見ず，目を閉じて心身を休めることに努めよう。

当日

- 朝食はいつも通りにとり，食べ過ぎないように注意しよう。
- 再度持ち物を確認し，時間にゆとりをもって試験会場へ向かおう。
- 試験会場に着いたら早めに教室に行き，自分の席を確認しよう。また，トイレの場所も確認しておこう。
- 試験開始が近づき緊張してきたときなどは，目を閉じ，ゆっくり深呼吸しよう。

解答・解説

高校入試 10日でできる 歴史

第1日 文明のおこりと日本のあけぼの

▶p.5

Check

①群馬県　②メソポタミア文明
③太陽暦　④前方後円墳　⑤摂政
⑥孔子　⑦アレクサンドロス大王
⑧ムハンマド　⑨卑弥呼
⑩小野妹子　⑪中臣鎌足
⑫白村江の戦い　⑬壬申の乱

記述問題

日本国王としての地位と朝鮮半島での立場を認めてもらうため。

▶p.6〜7

入試実戦テスト

1 (1)エ　(2)ア　(3)埴輪　(4)甲骨文字

2 (1)ウ　(2)渡来人
(3)例 家柄に関係なく，能力によって役人を採用しようとした。
(4)エ
(5)記号…ウ　語句…天智天皇
(6)始まり…601　終わり…700

解説

1 (1)**資料1**は，江戸時代に志賀島(福岡市)で発見された「漢委奴国王」と刻まれた**金印**である。5～6世紀にまとめられた中国の歴史書『後漢書』東夷伝に出てくる金印と推定され，弥生時代の1世紀に，**倭**(日本)の**奴**という国の王が中国の漢(後漢)の光武帝から授けられたとされる。**ア**．**青銅器**は，**銅鐸**などのようにまつりの道具などに使われた。**鉄器**は鉄剣などの武器に使われた。どちらも弥生時代に日本に広まった。**イ**．**稲作**はおもに弥生時代に日本各地に広まった。**ウ**．弥生時代になると，貧富の差が広まり，やがて豊かなむらが貧しいむらを従えるようになった。むらどうしで互いに戦うようになったため，むらには攻撃にそなえた濠(壕)や柵がめぐらされ，見張り台がつくられるようになった。**エ**．表面に縄目の文様がついた土器は縄文土器であり，金印の時代の説明として適切でない。

(2)**卑弥呼**は**邪馬台国**の女王であり，中国の魏に使いを送って「親魏倭王」の金印を授けられたと『**魏志**』**倭人伝**に記録されている。地図中に魏があるのは**ア**のみ。年代の古い順では，**イ**の後漢→**ア**の魏・呉・蜀の三国→**ウ**の唐→**エ**の宋(北宋)。

(3)**資料2**は人型，**資料3**は馬型の埴輪である。ほかにも，家型や円筒型の埴輪もある。埴輪は素焼きの土器で，日本各地に分布する古墳の多くに置かれた。

ミス注意！ 土偶と埴輪
- 土偶
  →縄文時代，お祈りやまじないの道具として使われた。
- 埴輪
  →古墳時代，古墳のまわりに置かれた。

(4)**資料4**は，亀の甲羅や獣の骨に多く刻まれたことから甲骨文字と呼ばれる。甲骨文字は，現在の漢字のもととなった文字である。

ひっぱると，はずして使えます。

絶対暗記

- 象形文字…エジプト文明
- くさび形文字…メソポタミア文明
- 甲骨文字…中国文明

2 (1)**ア～エ**はいずれも，稲作が始まったことで生じた社会の変化によるものである。［　　］のあとに「これは土地や水の利用をめぐる戦いが起きていたことを示すものと考えられている。」とあることから，戦いに備えた内容を考えると，**ウ**がもっとも適切である。

(2)渡来人が伝えたものには，それまでの土器よりも高温で焼いた硬い土器である須恵器をつくる技術や機織りの技術や，漢字や儒教，仏教などがある。大和政権は，渡来人を重用し，書類の作成や財政の管理などを担当させた。

(3)冠位十二階の制度と並んで聖徳太子の政策で重要なものは，**十七条の憲法**を定めたことである。十七条の憲法では，仏教や儒学の教えを取り入れ，天皇の命令には従うことなどを定めた。

(4)隋は589年に中国を統一し，618年に唐によって滅ぼされた。**ア**．秦へ使いを送った人物は，記録に残っていない。**イ**．漢へは倭の奴国の王が使いを送った記録がある。**ウ**．魏へは邪馬台国の女王卑弥呼が使いを送った記録がある。

(5)中大兄皇子は，中臣鎌足らと**大化の改新**を行った中心人物。天皇即位前から政治の中心におり，大化の改新を進め，**白村江の戦い**に派兵した。その後，近江大津宮で即位して天智天皇となり，日本で最初の全国規模での戸籍を作成した。

ミス注意！ **天智天皇と天武天皇**

- **天智天皇**
  →中大兄皇子。大化の改新，白村江の戦い，日本初の戸籍を作成。
- **天武天皇**
  →大海人皇子。天智天皇の弟で，壬申の乱に勝利して即位。

第2日 古代国家の歩み

▶p.9

Check

①口分田　②天平文化　③正倉院
④摂関政治　⑤浄土信仰
⑥聖武天皇　⑦鑑真　⑧桓武天皇
⑨最澄　⑩菅原道真　⑪紫式部
⑫荘園　⑬国風文化

記述問題

念仏を唱えて阿弥陀仏にすがり，死後に極楽浄土に生まれ変わろうとする信仰。

▶p.10～11

入試実戦テスト

1 (1)エ　(2)風土記
(3)万葉集　(4)ア　(5)ウ

2 (1)唐　(2)イ

3 A…関白　B…頼通

解説

1 (1)**資料1**のように北東部に外京とよばれる突き出た部分があるのは平城京であり，現在の奈良県奈良市にある。また，**資料1**の**東大寺**は聖武天皇が建てさせた寺であり，**唐招提寺**は**鑑真**が開いた寺であることから，奈良時代の都城であると判断できる。**ア**は東京，**イ**は鎌倉，**ウ**は名古屋，**オ**は平安京の置かれた京都。

(2)**資料3**の正倉院(奈良県)は奈良時代に建てられ，**聖武天皇**とその皇后である光明皇后に関係した品物をはじめ，8世紀ごろの貴重な文化財を保管した宝庫。**『風土記』**は，数か国のものだけ部分的に現存する。奈良時代に編さんされた『風土記』**『古事記』『日本書紀』**はセットで覚えておくこと。

(3)奈良時代には，「日本最古の～」といわれる書物が多く編さんされた。日本最古の歴史書である『古事記』，日本最古の各国の地理や産物について記した『風土記』とともに，日本最古の歌集である**『万葉集』**を覚えておくこと。なお，『万葉集』には，天皇や貴族といった政治の中枢をになった人たちだけではなく，農民や**防人**といった庶民の歌も採録されていることも覚えておくとなお良い。

(4)**資料5**は宇治の**平等院鳳凰堂**(京都府)。代表的な阿弥陀堂であり，平安時代の**浄土信仰**の影響を受けて建てられた。本尊は阿弥陀如来像。**金剛峯寺**(和歌山県)は**空海**によって高野山に建てられた**真言宗**の中心寺院である。**延暦寺**(京都府・滋賀県)は**最澄**によって比叡山に建てられ，同じく最澄によって開かれた**天台宗**の中心寺院である。**中尊寺**は**奥州藤原氏**によって**平泉**(岩手県)に建てられた。

(5)**X**は，空海なのか鑑真なのかを判断する。「鑑真和上坐像」はよく出題される資料なので，覚えておくこと。**Y**は，「空海は遣唐使とともに唐へ渡り」，真言宗を学んで日本へ伝えた人物，「鑑真は唐から来日し」，唐招提寺を建てて日本に仏教の決まり(戒律)を広めた人物，ということをおさえておく。

2 (1)奈良時代は，中国では唐が，朝鮮半島では新羅が栄えていた。遣唐使は飛鳥時代の630年から停止される894年までの間にたびたび派遣された。

(2)奈良時代のできごとを考える。**ア**．聖徳太子の行ったことなので飛鳥時代。**ウ**．中大兄皇子の行ったことなので飛鳥時代。**エ**．藤原道長の行ったことなので平安時代。**イ**．聖武天皇は奈良時代の政治でもっとも重要な人物なので，行ったことを整理しておく。

3 A．藤原氏が**摂政**や**関白**について実権をにぎった政治を**摂関政治**という。

B．頼通は平等院鳳凰堂を建てた人物。

第3日 武士の台頭と武家政治の始まり

▶p.13

Check

①御家人　②定期市　③日蓮

④道元　⑤フビライ=ハン

⑥後鳥羽上皇　⑦北条時宗

⑧運慶(快慶)　⑨平治の乱

⑩壇ノ浦の戦い　⑪弘安の役

記述問題

元寇で元を破ったものの新しい領地は得られず，御家人の奉公に対して御恩として恩賞を与えられなかったため。

▶p.14～15

入試実戦テスト

1 (1)イ→エ→ア→ウ　(2)ア

2 (1)元寇(文永の役・弘安の役)

(2)ウ　(3)イ

3 (1)厳島神社

(2)X…御恩　内容…例御家人の土地を保障したり，新しい土地を与えたりする。

(3)国…守護　荘園・公領…地頭

(4)エ　(5)二毛作

解説

1 (1)**ア**．源頼朝が1199年に没したあと，彼の息子たちが鎌倉幕府第2代将軍，第3代将軍になったが，実権は頼朝の妻・政子の実家である**執権**の北条氏に移っていった。**イ**．**白河天皇**は1086年に退位して上皇になったが，その後も長く実権を握り続けた。院とは上皇の住まいのことで，院で政治が行われたことから，この政治を**院政**という。**ウ**．**後鳥羽上皇**は，源氏の将軍が3代で途絶えたときに，政治の実権を幕府から朝廷に取り戻そうとして1221年に**承久の乱**をおこしたが，幕府軍に鎮圧された。これをきっかけに幕府の支配は西国に及ぶようになった。**エ**．**平清盛**は1167年に**太政大臣**になり，政権を握った。

絶対暗記
- ○ **天皇と上皇の争い**…保元の乱
- ○ **源氏と平氏の争い**…平治の乱
- ○ **後鳥羽上皇が挙兵**…承久の乱

(2)問題で述べられたこの歴史資料の内容は，紀伊国(和歌山県)の阿氏河荘という**荘園**に関するもので，鎌倉時代になってから入ってきた地頭湯浅氏の横暴を，農民たちが京都にいる荘園領主に訴えた訴状である。13世紀後半ごろの領主と地頭の関係，領主と農民の関係，地頭に対抗する農民たちのようすを知ることができる貴重な歴史資料である。国司は国ごとに置かれた朝廷の役職である。

ミス注意！ **地方官の役職**
- ● **律令制度のとき**
  →国ごとに国司を置き，その下に郡司を置く。
- ● **律令制度の崩壊**
  →貴族や寺社が私有地である荘園をもち，領主となる。
- ● **鎌倉幕府のとき**
  →国ごとに守護，公領や荘園ごとに地頭を置く。

絶対暗記
- ○ **法然**…浄土宗を開く
- ○ **親鸞**…浄土真宗(一向宗)を開く
- ○ **一遍**…時宗を開く
- ○ **日蓮**…日蓮宗(法華宗)を開く
- ○ **栄西**…臨済宗を開く ｝禅宗
- ○ **道元**…曹洞宗を開く ｝禅宗

2 (1)問題の中の絵は鎌倉時代にかかれた絵巻物『蒙古襲来絵詞』の，教科書などにもっともよく引用される一部分。
(2)**ア**．絵中の向かって右側にえがかれている日本の武士(御家人)は，一騎打ちで武功を立てることが名誉であるとしていて1人で立ち向かっている。しかし，左側にえがかれている元軍の兵士たちは一騎打ちには応じず，集団で戦っている。→誤り　**イ**．火薬を使った武器は元軍のもので，絵の中でも火薬が爆発しており，爆発の上に「てつはう」と書いてある。→誤り　**ウ**．日本軍の武士は馬に乗って弓矢で戦っていて，元軍も弓矢をもっている。→これが正解　**エ**．御家人もよろいやかぶとを身に付けている。→誤り
(3)**フビライ=ハン**は，都をモンゴルのカラコルムから大都(今の北京)に移し，国号を中国風に元と定めて中国をも支配した元の初代皇帝。**チンギス=ハン**は，モンゴルの諸部族を統一し，モンゴル帝国の土台を築いた，モンゴル帝国の初代ハン(君主の称号)。**始皇帝**は，紀元前221年に初めて中国を統一した秦の皇帝。

3 (1)**厳島神社**は広島県の宮島にある。古くからの海上交通の要所にあり，海上交通に勢力をもっていた平氏の守り神として信仰された。

(2)将軍から御家人への**御恩**，他方，御家人から将軍への**奉公**によって結ばれた土地を仲立ちとする主従関係を封建制度という。この関係によって将軍の家来になった武士を**御家人**と呼ぶ。

ミス注意！　将軍と御家人

- **御恩**
  →将軍が御家人にほどこす。領地を与えたり，土地の支配を認めたりする。
- **奉公**
  →御家人が将軍につくす。京都や鎌倉を警護したり，戦時に将軍のために戦ったりする。

(3)鎌倉幕府によって，守護は国ごとに，地頭は荘園・公領ごとに置かれた。どちらも鎌倉幕府の地方官職であり，それらに御家人が任命された。他方，朝廷は，律令制の国司や郡司を各地方においており，鎌倉時代は，幕府と朝廷から二重に統治される体制であった。

(4)**ア**．奥州藤原氏は源頼朝によって滅ぼされた。**イ**．**御成敗式目**(**貞永式目**)が定められたのは1232年である。御成敗式目は武士(特に御家人)を対象にした法令で北条泰時が定めた。**ウ**．承久の乱は1221年におこった。なお，このとき京都に**六波羅探題**が置かれた。**エ**．**徳政令**は御家人の借金の帳消しを命じたもの。

ミス注意！　鎌倉時代の執権

- **承久の乱のとき**
  →北条義時… 2代目
- **御成敗式目を出す**
  →北条泰時… 3代目
- **元寇のとき**
  →北条時宗… 8代目

絶対暗記

- **永仁の徳政令**…御家人を生活苦から救うため，御家人の借金を帳消しにすることを定めた。

(5)鎌倉時代の農業についての重要なことがらは，**二毛作**(西日本中心)，牛馬を用いた耕作，鉄製農具の普及，草木の灰を肥料として用いたことである。商業についての重要なことがらは，定期市が開かれるようになったことである。

第4日　東アジアとの関係と武家政治の展開

▶p.17

Check

①**ハングル**　②**琉球王国**　③**座**
④**惣(惣村)**　⑤**世阿弥**
⑥**足利義政**　⑦**雪舟**
⑧**正長の土一揆**　⑨**山城国一揆**
⑩**加賀の一向一揆**

記述問題

倭寇と正式な貿易船を区別するため。

▶p.18〜19

入試実戦テスト

1　(1)**ウ→イ→ア**　(2)**イ**
(3)行動…**一揆(土一揆・徳政一揆)**
組織…**惣(惣村)**
(4)**エ**　(5)**お伽草子**

2　(1)**書院造**　(2)**中継貿易**
(3)**明銭(銅銭)**　(4)**分国法**

解説

1　(1)南北朝時代は厳密には1336〜1392年であり，室町時代初期と重なる。**ア**．**南北朝の合一**は室町幕府3代将軍の足利義満が 1392 年に実現した。**イ．足利尊氏**は室町幕府の初代将軍で，1338 年に北朝の天皇から征夷大将軍に任じられた。**ウ．建武の新政**は鎌倉幕府が滅んだあとの 1334 年から**後醍醐天皇**を中心にして始まった。しかし，公家を重視した政治であったため武士の不満が高まり，武士の有力者であった**足利尊氏**が離反したことによって新政は失敗した。鎌倉時代半ばから，朝廷は皇位継承をめぐって 2 つの勢力が争っており，足利尊氏はその対立を利用して，京都に別の天皇を立て(北朝)，後醍醐天皇は吉野(奈良県)に逃れ(南朝)，2 つの朝廷が争った。

(2)**管領**は鎌倉幕府であれば**執権**に相当する職であるが，その実権は執権よりも劣った。その職は細川氏をはじめとする足利氏一門の有力**守護大名**たちによってほとんど独占された。**ア**は鎌倉幕府の役職，**ウ**は藤原氏などがついた朝廷の役職，**エ**は江戸幕府の役職である。

ミス注意！ **将軍の補佐役**

- **鎌倉幕府の執権**
  →北条氏が独占。
- **室町幕府の管領**
  →細川氏や畠山氏などの足利一門の有力守護大名がつく。

(3)写真の碑文のより詳細なことについては，教科書などで一度見ておくことをすすめる。この碑文をたどたどしく彫り刻んだ地蔵石は，今の奈良市郊外の柳生という所にある。**正長の土一揆**は，近江(滋賀県)の**馬借**が幕府に徳政令を要求しておこしたもの。一揆は，京都・奈良さらに畿内に広まり，大規模なものとなった。

絶対暗記

- **正長の土一揆**…1428 年。民衆が借金の帳消し(徳政)を求めておこす。
- **山城の国一揆**…1485 ～ 93 年。守護大名を追放し，民衆が自治を行う。
- **加賀の一向一揆**…1488 ～ 1580 年。守護大名をほろぼし，浄土真宗の信者が自治を行う。

(4)**ア．株仲間**は江戸時代の商工業者の同業者組織である。室町時代に発達した商人・手工業者の同業組合は**座**といい，公家や寺社の保護を受け，一定の営業独占権などを得た。**イ．**土倉は鎌倉・室町時代の金融業者であり，室町時代に特に京都や奈良で繁栄した。質物保管用の土蔵からこう呼ばれた。酒屋には土倉を兼業している者が多かった。酒屋や土倉はその町の有力者・指導者であったが，一揆のときにはしばしばその攻撃目標にされた。彼らからの税は幕府の重要財源であった。**ウ．**寄合は，町や村で有力者が相談や決まりを定めるために行った集まり。**エ．問丸**(問)は，鎌倉時代の運送・倉庫業者で，川沿いや港などの交通の要地に発達し，室町時代に問屋とよばれる卸売業者に成長した。問屋は，卸売業以外に，それに関連した運送・倉庫業も営んだ。

(5)お伽草子は，その一部が現在のおとぎ話の原形であるが，室町時代の民衆の成長と気持ちを反映しているといわれる。代表作には，『一寸法師』以外に，『物ぐさ太郎』・『酒呑童子』などがある。

2 (1)**書院造**は室町時代に生まれ，その後，現在に至るまで和風住宅建築の基本をなしている。その特徴(特にそれ以前の住宅建築様式に比べて)は，床の間，違い棚，明障子，付書院などがある点である。ふすま，障子で間仕切りをしたり，畳を敷きつめたりすること自体が，それ以前には一般になかった。**資料Ⅰ**は慈照寺東求堂同仁斎(京都市)。

絶対暗記

- 寝殿造…平安時代の貴族の邸宅の様式。庭に広い池などを配置。
- 書院造…畳や障子がある。慈照寺の銀閣や東求堂同仁斎など。

ミス注意！ 室町幕府の将軍

- **足利義満**
  →3代将軍。南北朝を合一する。将軍をやめたあと，明と**勘合貿易**を始める。**金閣**をつくる。
- **足利義政**
  →8代将軍。次の将軍をめぐって**応仁の乱**がおこる。**銀閣**をつくる。

(2)琉球王国は，中国(明)や朝鮮国，東南アジアの国々へ船を送り，それぞれ国から輸入した産物を，さらに別の国に輸出する中継貿易で栄えた。
(3)日明貿易によって明から輸入されたおもな明銭は洪武通宝・永楽通宝(どちらも銅銭)。明への輸出品は銅・刀剣・まき絵など。
(4)**資料4**のなかの「甲州法度之次第」は**武田信玄**が定めたものを中心にして編さんされている。

第5日 ヨーロッパ人の来航と全国統一

▶p.21

Check

①**A…スペイン　B…ポルトガル**
②**オランダ**　③**兵農分離**
④**ルネサンス**
⑤**フランシスコ=ザビエル**
⑥**李舜臣(イスンシン)**　⑦**狩野永徳**
⑧**千利休**　⑨**桶狭間の戦い**
⑩**長篠の戦い**　⑪**本能寺の変**

記述問題

商工業を活性化させるため。

▶p.22～23

入試実戦テスト

1 (1)**イエズス会**
(2)①**南蛮貿易**
②例**貿易の利益を得るため。**
③**都市名…堺　位置…イ**

2 (1)①**ア**　②**イ**
(2)**エ**　(3)**イ**
(4)**ア**　(5)**エ**

解説

1 (1) 1517年に，ドイツで**ルター**がローマ教皇を頂点とするカトリック教会の腐敗をただそうと行動をおこし，**宗教改革**を始めた。**カトリック**(旧教)に抗議運動を行った人々を一般に**プロテスタント**(新教)という。なお，宗教改革には，スイスで**カルバン**がおこした動きもあった。カトリック教会も宗教改革に対抗して自らを立て直そうとした。その先頭に立ったのが**イエズス会**という教団である。イエズス会はアジア・アメリカへの布教を推進した。フランシスコ=ザビエルはイエズス会の幹部であった。

ミス注意！ キリスト教

- **プロテスタント**
  →宗教改革を始めたルターやカルバンたちのこと。
- **カトリック**
  →ローマ教皇を中心とする以前からの宗派。イエズス会など。

(2) ① 16 世紀なかごろからまずポルトガル人・スペイン人が来日したが，彼らのことを当時日本では南蛮人とよんだ。そこで彼らとの貿易を**南蛮貿易**，彼らによってもたらされた文化を**南蛮文化**という。

絶対暗記

- **日宋貿易**…平清盛が兵庫の港を整備して宋(南宋)と行う。
- **勘合貿易(日明貿易)**…足利義満が始める。正式な貿易船と倭寇を区別するため，勘合とよばれる合い札を使用。
- **中継貿易**…琉球王国などが行った貿易。
- **南蛮貿易**…ポルトガル船やスペイン船などと行う。
- **朱印船貿易**…江戸時代初めの貿易。朱印状を発行された船が東南アジアなどで交易を行う。

②ポルトガル船・スペイン船が来航したころの日本は戦国時代であり，各地で戦国大名が争っていた。戦国大名は，武器としての鉄砲・火薬などを必要とした。

③「港町・自治都市として発展するとともに，鉄砲鍛冶もさかんであった都市」は堺。堺以外の代表的な鉄砲製造地は，国友(滋賀県)・根来(和歌山県)。地図中の**ア**は横浜。横浜が発展するのは江戸時代末になってから。**ウ**は博多(福岡市)。博多は近くに**大宰府**がおかれたことなどから発達し，古くから中国などとの交易がさかんであった。博多も室町時代に自治都市的な性格をもった。**エ**は長崎。

2 (1) ① 室町時代には関銭(通行料金)徴収が目的で幕府・大名・公家・寺社などが関所を設けた。そういう関所を戦国諸大名や**織田信長**，**豊臣秀吉**は廃止して商業・交通の発展を促した。

②織田信長は，同業者組合の座を安土城下などで廃止して，だれでも自由に商売ができるようにして，商工業の振興を図った。豊臣秀吉も同様の策をとった。

(2)**ア**．勘合貿易を行ったのは足利義満である。**イ**．貿易港を長崎に限定したのは江戸時代の鎖国政策である。**ウ**．執権は鎌倉幕府の将軍の補佐役で北条氏が代々独占した。**エ**．豊臣秀吉が行った検地を**太閤検地**というが，本来，太閤は摂政や関白の職を子にゆずった人のことをさす。

絶対暗記

- **織田信長**…仏教勢力をおさえるためキリスト教を保護。
- **豊臣秀吉**…キリスト教を禁止するも，貿易は認めたため不徹底。

(3)**ア**．地頭は源頼朝が 1185 年に荘園・公領ごとに置いた。**イ**．**石高**は米の体積を表した単位である。豊臣秀吉は全国で大きさや長さがばらばらであったものさしやますの大きさを統一して，全国の米の生産量を石高で表した。また，豊臣秀吉は太閤検地によって，土地所有者を明確にした。そして刀狩を行い，農民から武器を取り上げた。武器を農民から取り上げた刀狩の真のねらいは一揆防止と**兵農分離**(身分の固定化)にあった。

(4)豊臣秀吉による朝鮮侵略の際に日本に連れてこられた朝鮮人陶工たちの技術から始まる日本の陶磁器に，有田焼(佐賀県)・唐津焼(佐賀県)などがある。**イ**の人物は織田信長，**ウ**の人物は武田勝頼，**エ**の人物は明智光秀である。

(5)**ア**．**狩野永徳**は織田信長や豊臣秀吉に仕えた。『唐獅子図屏風』が代表作。
イ．**雪舟**は室町時代に中国の明に渡って水墨画の技法を学び，帰国後に大成した人物。**ウ**．観阿弥は子の世阿弥とともに室町時代に能(能楽)を大成した人物。

第6日 江戸幕府の成立と発展

▶p.25

Check

①参勤交代　②寺子屋
③打ちこわし　④俵屋宗達
⑤本居宣長
⑥前野良沢・杉田玄白
⑦葛飾北斎　⑧渡辺崋山
⑨大阪の陣　⑩公事方御定書

記述問題

大阪が経済の中心地であったため，特産物を売りやすかったから。

▶p.26〜27

入試実戦テスト

1 (1)ウ　(2)松平定信
(3)③エ　④イ　⑤カ
(4)時期…A　説明…エ

2 (1)ウ
(2)①ア　②オランダ
③(朝鮮)通信使

解説

1 (1)江戸幕府が開かれた1603年から，徳川綱吉が5代将軍となった1680年までのできごとを選ぶ。**ウ**の島原(長崎県)・天草(熊本県)一揆は1637年，3代将軍家光の時期のできごと。**ア**．応仁の乱は室町時代。**イ**．関ヶ原の戦い(岐阜県)は1600年。**エ**．承久の乱は鎌倉時代。
(2)松平定信(白河藩主，徳川吉宗の孫)は老中として寛政の改革を推進した。
(3) ③ 享保の改革は将軍徳川吉宗によって推進された。**エ**の公事方御定書は，吉宗が江戸町奉行大岡忠相らにまとめさせた，刑事訴訟関係などをまとめた法令。
④**イ**の昌平坂学問所(東京都)は，将軍徳川綱吉によって移転・整備された湯島聖堂の私塾が前身で，老中松平定信により幕府直轄の学問所となった。朱子学は，中国の宋代に大成された儒学の一派。
⑤老中**水野忠邦**は，天保の改革で江戸・大阪周辺の大名・旗本領を幕領にしようとしたが失敗した。**ア**の御成敗式目(貞永式目)は鎌倉時代。**ウ**の政所は鎌倉時代・室町時代。**オ**の**楽市・楽座令**は織田信長・豊臣秀吉などが行った。

絶対暗記

- **田沼意次**…株仲間の結成を奨励。株仲間から税をとりたてて収入を増やそうとした。
- **水野忠邦**…株仲間を解散させる。株仲間が市場を独占して物価を引き上げる原因となったため。

(4)**元禄文化**は，徳川綱吉の治世のころの文化のこと。綱吉の治世は1680〜1709年。将軍徳川吉宗が享保の改革を始めたのは1716年。上方とは大阪・京都とその周辺の呼称。**ア**と**ウ**は**化政文化**の説明。**イ**は化政文化のころの**蘭学**の説明。

ミス注意！ 江戸時代の文化

- **元禄文化**
  →上方中心の町人文化。
- **化政文化**
  →江戸中心の町人文化。

2 (1)**ウ**．大名の監視を行ったのは老中の指揮下の大目付。若年寄の職務は老中の補佐であり，その指揮下の目付が旗本・御家人の監視を行った。
(2) ① **イ**は徳川綱吉が行った。**ウ**は1825年に出された。**エ**は豊臣秀吉の政策。
②江戸幕府が鎖国してもオランダに貿易を許したのは，日本にキリスト教を布教しないと幕府に約束したことが大きい。

ミス注意！ 鎖国の対応

- **ポルトガル・スペイン**
  →カトリックの国。布教に熱心であったため，来航を禁止される。
- **オランダ**
  →プロテスタントの国。交易を優先。長崎の出島（平戸から移転）に商館が置かれる。

③豊臣秀吉による朝鮮侵略によって断絶していた日本・朝鮮間の国交が徳川家康時代に回復し，朝鮮通信使が訪日した。

絶対暗記

- **対馬藩**…朝鮮国との外交を担当。
- **薩摩藩**…琉球王国を服属させる。
- **松前藩**…アイヌとの交易を独占。

第7日 ヨーロッパの近代化と日本の開国

▶p.29

Check

①人権宣言　②工場
③南京条約　④尊王攘夷論
⑤ワット　⑥ナポレオン
⑦総領事…ハリス　大老…井伊直弼
⑧坂本龍馬　⑨インド　⑩南北戦争

記述問題

政治の実権を朝廷に返すこと。

▶p.30〜31

入試実戦テスト

1 (1)イ
(2)A…イギリス　B…アヘン
(3)エ

2 (1)日米和親条約
(2)領事裁判権（治外法権）
(3)イ・ウ　(4)横浜
(5)①尊王攘夷　②長州
(6)ええじゃないか　(7)戊辰戦争

解説

1 (1)**ピューリタン（清教徒）革命**（1640〜60年）と名誉革命（1688〜89年）を通じて，イギリスは，議会政治・立憲政治への歩みを進めた。名誉革命で出された権利の章典は，イギリス議会政治・立憲政治の重要な土台の1つになった。**ア.** 産業革命は18世紀後半以降のこと。**ウ.** 20世紀前半，第一次世界大戦直後のことである。**エ.** 産業革命の結果として生じた負の面であり，およそ19世紀なかごろのことである。

ミス注意！ 市民革命

- **イギリス**
  →清教徒革命と名誉革命，権利の章典
- **アメリカ**
  →アメリカ独立宣言（1776年）
- **フランス**
  →フランス人権宣言（1789年）

(2)問題文の戦争は**アヘン戦争**。イギリスによるインド産アヘンの中国への大量持ち込みは中国人の健康・生活・風紀を悪化させ，中国からイギリスへの銀の流出をもたらした。問いの図のような三者間の貿易形態を一般に三角貿易とよぶ。
(3)四国連合艦隊下関砲撃事件（山口県）は1864年のこと。アメリカ合衆国では南北戦争（1861〜65年）の真っ最中であった。**ア.** フランス革命は1789年にはじまる。**イ.** ルネサンスは14〜16世紀ごろからイタリアを中心におこった。**ウ.** ロシア革命は1917年におこった。

絶対暗記

- ○ **薩摩藩**…西郷隆盛・大久保利通
- ○ **長州藩**…木戸孝允
- ○ **土佐藩**…坂本龍馬

2 (1)日米和親条約に続いて，イギリス・ロシア・オランダも，ほぼ同様な条約を日本に結ばせた。

ミス注意！　2つの条約

- ● **日米和親条約(1854年)**
  →下田と函館を開港。
- ● **日米修好通商条約(1858年)**
  →函館・神奈川(横浜)・長崎・新潟・兵庫(神戸)を開港。
  (※下田は閉港)

(2)関税自主権とは貿易相手国に対して独自に関税率を決める権利のこと。このほか，日本は領事裁判権(治外法権)を認めていた。日米修好通商条約に続いて，オランダ・ロシア・イギリス・フランスも，ほぼ同じ内容の条約を日本に結ばせた。

絶対暗記

- ○ **領事裁判権を認める**…外国人が日本で犯罪をおこしたとき，同じ国の領事が裁判を行うため，裁判が軽い判決になりやすい。
- ○ **関税自主権がない**…関税を日本が独自に決めることができず，貿易に不利となりやすい。

(3)**日米修好通商条約**によって開国して以降，日本の主要輸出品である生糸・茶などの多くが輸出に流れたため，国内向きが品不足となり，価格が高騰した。全般的な価格高騰を見込んだ米の買い占めもあり，米価や日常品の高騰による生活苦が人々の攘夷への期待を高めた。

(4)日米修好通商条約で5港が開かれたが，貿易総額の大部分は横浜が占めた。

(5)薩摩藩も，イギリス人を殺傷した生麦事件の報復として，鹿児島を攻撃された薩英戦争によって，攘夷が不可能であることを悟った。

(6)歴史資料中の「奇妙なうたと乱舞」のはやしことばが「ええじゃないか，ええじゃないか」とうたわれた。

(7)**戊辰戦争**は**鳥羽・伏見の戦い**(京都市)から始まった。

第8日　近代日本の歩み

▶p.33

Check

①**千島列島**

②**板垣退助…自由党**
　大隈重信…立憲改進党

③**下関条約**　④**伊藤博文**

⑤**福沢諭吉**　⑥**夏目漱石**

⑦**黒田清輝**　⑧**西南戦争**

⑨**大逆事件**　⑩**辛亥革命**

記述問題

産業をさかんにして経済力をつけること。軍事力を強化すること。

▶p.34〜35

入試実戦テスト

1 (1)**史料名…五箇条の御誓文**
　記号…ウ　(2)**e**
(3)**法令…学制　理由…**例**授業料が家庭にとって負担であったから(子どもは家庭にとって働き手であったから)。**
(4)**エ**

2 (1)**エ**　(2)**語句…地価　記号…イ**
(3)**ア**　(4)**ア**

解説

1 (1)**五箇条の御誓文**は明治新政府の政治基本方針である。天皇が神々に誓う形式をとっている。民衆にはキリスト教の禁止など江戸時代とあまり変わらない政策が示された。

(2)問題中の「もっとも大規模な士族の反乱」は**西南戦争**である。西郷隆盛は，士族の不満を海外出兵で解消しようとして**征韓論**を説いたが，論争に敗れて政府を去り，鹿児島に帰った。そこで政府に不満をもつ士族たちにかつぎ上げられて西南戦争をおこした。地図中の**e**は鹿児島。**a**は函館(北海道)，**b**は会津若松(福島県。会津藩の城下町)，**c**は京都，**d**は下関(山口県)。

(3)**学制**によって子どもは6歳で小学校へ行くことになったが，働き手を取られること，学校建設費・授業料などが地域住民にとって負担になった。

(4)**板垣退助**党首の自由党は**国会期成同盟**を柱にして結党された。**ア**．**秩父事件**は自由党員と不景気で生活の苦しい農民が，1884年に埼玉県でおこした。**イ**．第一回衆議院議員総選挙は1890年に行われた。**ウ**．**大日本帝国憲法**の発布は1889年。

2 (1)**富岡製糸場**が建てられた群馬県は，桐生や伊勢崎で，江戸時代ごろから，絹織物業がさかんであった。

絶対暗記

- **富国強兵**…産業を発達させ，軍隊を強くすることをめざす。
- **殖産興業**…富国強兵の「富国」にあたる政策で官営模範工場をつくるなどして産業の近代化をめざした。

(2)地租改正の要点は次のとおり。

①**目的(ねらい)**…近代的土地制度の確立，政府財源の確保(江戸時代の年貢収入を下回らないように)。

②**方法**…地券(土地所有権の確認・証明書)を発行。土地所有者が地価の3％を**地租**として**現金**で納める。

③**影響**…政府の財政が安定した。ただし，地租改正反対一揆が頻発したので，のちに，地租は地価の2.5％に引き下げられた。

(3)問題文中の「1875年，樺太・千島についてロシアと条約を結び」の条約は**樺太・千島交換条約**。その後，日露戦争の**ポーツマス条約**で，樺太の北緯50度以南(およそ南半分)は日本領になった。

(4)日露戦争の講和条約であるポーツマス条約では，**ア**の長春以南の鉄道の利権のほか，旅順や大連の租借権，北緯50度以南の樺太も日本に譲り渡すこととされた。**イ**．下関条約の内容。**ウ**．三国干渉によって行われたこと。**エ**．日米和親条約の内容。

ミス注意！ **2つの条規の違い**

- **日清修好条規(1871年)**
  →日本が清と対等の関係で結ぶ。
- **日朝修好条規(1876年)**
  →1875年の江華島事件がきっかけ。日本が武力を背景に朝鮮を開国させた不平等な内容。

第9日 二度の世界大戦と日本

▶p.37

Check

①民族自決　②大政翼賛会
③疎開(集団疎開，学童疎開)
④吉野作造　⑤ガンディー
⑥(フランクリン＝)ローズベルト
⑦サラエボ事件　⑧国際連盟
⑨二・二六事件　⑩日中戦争

記述問題

シベリア出兵をみこした米の買い占めによって米価が高騰(こうとう)したため

▶p.38〜39

入試実戦テスト

1 (1)**ヨーロッパ**　(2)**エ**　(3)**ウ**
(4)**ロシア革命**　(5)**ア**　(6)**ウ**

2 (1)**イ**　(2)**イ**　(3)**ア**
(4)**b → a → c → d**

解説

1 (1)第一次世界大戦は1914〜18年のできごと。ヨーロッパ諸国が戦争に国力のすべてを動員している間に，戦争需要とアジア市場の独占などで日本経済は大戦景気をむかえた。

(2)**米騒動**の過程…大戦景気による物価の高騰と**シベリア出兵**を見こした米の買い占めなどによる米価高騰→富山県の一漁村の主婦たちの蜂起(ほうき)→全国に拡大。**ウ**の日比谷(ひびや)焼き打ち事件(東京都)はポーツマス条約への民衆の不満が暴発したもの。
ア．二・二六事件は1936年のできごと。
イ．地租改正は1873年のできごと。

(3)**原敬**(はらたかし)自らが衆議院議員で，ほとんどの大臣が立憲政友会出身の内閣。**エ**の加藤高明(たかあき)内閣は，第二次護憲運動によって成立した憲政会，立憲政友会，革新倶楽部(くらぶ)の3政党による連立内閣。治安維持法と普通選挙法を成立させた。

(4)ロシア革命で成立した社会主義政府を崩壊させようとしたのがシベリア出兵。日本がその主力。しかし，1922年に，ソビエト社会主義共和国連邦(ソ連)が成立。

(5)第一次世界大戦の講和条約はパリ郊外のベルサイユ宮殿で調印された。

(6)**ア**のローズベルトには，アメリカ大統領として，ポーツマス条約を成立させたセオドア=ローズベルトとニューディール政策を実施したフランクリン=ローズベルトの2人がいる。**イ**は**非暴力・不服従**を唱えてインドの独立運動を指導した人物。**エ**はソ連の指導者。

ミス注意！ 1925年の普通選挙法(制)は，25歳以上のすべての男子に参政権が認められたが，女子に参政権は認められなかった。

絶対暗記

- **1915年**…二十一か条の要求を提出する。
- **1917年**…ロシア革命がおこる。
- **1918年**…米騒動がおこる。
- **1918年**…シベリア出兵が始まる。
- **1918年**…原敬が本格的な政党内閣を組織する。

2 (1)満州事変が始まったのが1931年。二・二六事件が1936年。国家総動員法の公布が1938年。**ア**〜**ウ**のことがらの時間的順序さえわかれば，それをそのまま**X**・**Y**・**Z**にあてはめればよい。

ミス注意！ **軍部の関係する事件**

- **五・一五事件(1932年)**
  →海軍将校らが満州国の成立に反対する犬養毅(いぬかいつよし)首相を暗殺。政党政治が終わる。
- **二・二六事件(1936年)**
  →陸軍将校らが兵を率いて首相官(かん)邸(てい)や警視庁などを襲撃。

絶対暗記

- **国家総動員法(1938年)**…資源や国民を戦争に動員できるようにする。

○ **大政翼賛会(1940年)**…ほとんどの政党を解散させて大政翼賛会として，戦争に協力させる。

⑵**ア**．ムッソリーニはイタリアの指導者である。**イ**．ヒトラーはポーランドに侵攻して第二次世界大戦をおこした人物。**ウ**．ルターはドイツの人物であるが，16世紀に宗教改革を始めた人物。**エ**．ベルリンの壁が崩壊したのは1989年で，ドイツが統一したのは1990年。

⑶問いの写真は，集団疎開(学童疎開)に出発する小学生たち(写真の疎開班)と学校に居残る小学生たち(写真の残留組)とのあいさつのシーン。集団疎開が始まったのは1944年，太平洋戦争終戦の1年前のことである。**イ**は明治時代初期のこと。**ウ**は大正デモクラシーの一局面。**エ**は昭和時代初期のこと。

⑷1945年5月にドイツが降伏。8月6日に広島に，8月9日に長崎にそれぞれ原子爆弾投下。8月14日に**ポツダム宣言**の受諾を通告して，日本は降伏した。

第10日　現代の日本と世界

▶p.41

Check

①**財閥**

②**東アジア…朝鮮**
　ヨーロッパ…ドイツ

③**日米安全保障条約**

④**日中平和友好条約**

⑤**毛沢東**　⑥**吉田茂**

⑦**石油危機(オイルショック)**

⑧**ベルリンの壁の崩壊**

⑨**(アメリカ)同時多発テロ**

記述問題

ソ連を中心とする東側諸国とアメリカを中心とする西側諸国の直接戦火を交えない対立している状況。

▶p.42〜43

入試実戦テスト

1 ⑴**イ**　⑵**エ**

2 ⑴**ア・エ**
　⑵**A…ウ　B…カ**
　　C…日中平和友好(条約)

3 ⑴**ドイツ**　⑵**大韓民国(韓国)**

4 ⑴**ソ連**　⑵**イ，ウ**

解説

1 ⑴政府は地主の一定基準以上の所有地を強制的に買い上げ，小作農に安く売り渡した。この**農地改革**で自作農を増やした。**連合国軍(最高司令官)総司令部(GHQ)**の指令による，**財閥解体**と並ぶ，太平洋戦争直後の日本経済の民主化の一つ。**ア**．すべての満25歳以上の男子に選挙権が与えられたのは大正時代。**ウ**．課税基準が地価へ変更されたのは明治時代の地租改正。**エ**．自由党は板垣退助，立憲改進党は大隈重信が明治時代に設立した。

⑵**高度経済成長**は1950年代後半から1973年まで。**ア**．近代的な郵便制度は明治時代の文明開化のころに整備された。**イ**．バブル経済は1980年代後半から1990年代はじめにかけて，株価や地価が急騰し，泡のようにふくらんだ経済の状態のことである。**ウ**．日本の産業革命は日清戦争のころに軽工業，日露戦争のころに重工業でおこった。

2 ⑴**イ**．1960年調印の新日米安全保障条約の内容である。**ウ**．サンフランシスコ平和条約のおもな非調印国は，ソ連，中国，インド，社会主義圏諸国など。

(2)**A**．1956年の日ソ共同宣言で，日本・ソ連間の国交は回復し，ソ連は日本の国際連合加盟を支持したので，同年末に日本は国連に加盟することができた。
B．沖縄は1972年に日本に復帰するまで，アメリカの統治下にあった。
C．1972年の日中共同声明で日本と中国の国交は正常化し，1978年に日中平和友好条約が調印された。

ミス注意！ 日本と中国(中華人民共和国)の国交が正常化したのは1972年の**日中共同声明**による。1978年の**日中平和友好条約**は両国の関係の強化をめざした条約。

3 ドイツ・朝鮮(ちょうせん)半島の分断はどちらも冷たい戦争(冷戦)の影響である。
(1)ドイツは，1949年に，ドイツ連邦共和国(西ドイツ)とドイツ民主共和国(東ドイツ)に二分された。
(2)朝鮮半島は，1948年に，大韓民国(韓国)と朝鮮民主主義人民共和国(北朝鮮)に二分された。

絶対暗記
- **朝鮮**…韓国と北朝鮮に分かれる。1950年に朝鮮戦争(1953年停戦)。
- **ベトナム**…南北に分かれて内戦がおきる。1965年にアメリカの介入で激化。1976年に北ベトナムが南北を統一。
- **東西ドイツ**…東ドイツと西ドイツに分かれる。1960年代にベルリンの壁がつくられる。1989年にベルリンの壁が崩壊し，1990年に東西ドイツが統一。

4 (1)ソ連は国際連合の安全保障理事会の常任理事国であり，日本が国際連合に加盟するにはソ連の支持が必要であった。
(2)東海道新幹線は1964年の東京オリンピックの開催に合わせてつくられた。**ア**は1950年に始まった。**イ**は1991年。**ウ**は1975年で，翌年に南北ベトナムが統一された。**エ**は1919年に中国でおこった反日・反帝国主義運動である。

総仕上げテスト

▶p.44〜47

1 (1)(ア→)**エ→イ→ウ**
(2)①**年号(元号)**
②例**政治の実権がおもに，aでは天皇や貴族に，bでは武士にあった。**
(3)①**ウ**　②**縄文時代**　③**ウ**

2 (1)**ウ，エ**　(2)①**I**　②**5**
(3)**い・Y**　(4)**P**

3 (1)**ア**　(2)①**征韓論**(せいかんろん)　②**ア**
(3)**治安維持法**　(4)**エ**　(5)**C**
(6)**イ**　(7)**県名…沖縄　記号…イ**

解説

1 (1)**ア〜エ**のそれぞれの具体例を挙げると次の通りである。
アの学習課題の設定
→調べる時代：鎌倉時代
→調べる内容：新しい仏教
イの調査による資料収集・分析
→資料収集：座禅(ざぜん)のようすの写真や念仏の意味をたずねたときのメモ。
→資料分析：実践しやすく，わかりやすい内容が多い。
ウの報告書の作成
→収集した資料をどのようにまとめるか。報告書に写真やイラストを掲載し，わかりやすいものにできるか。

エの調査計画の立案
→どこの寺をたずねるか。資料のありそうな図書館・郷土館はないか。

(2) ①「明治」「大正」「昭和」「平成」「令和」は，「大化」「保元」「平治」「承久」「応仁」「建武」などと同じ元号である。現在では１人の天皇につき１つの元号がつけられる。このほか「壬申」「戊辰」「甲午」「辛亥」などのように暦にちなんでできごとの名前が付けられることがある。

(3) ① **A**には原始，**C**には中世，**E**には近代があてはまる。

2 (1)朝廷から征夷大将軍の地位を得て，幕府を開いたのは，源頼朝・足利尊氏・徳川家康の３人である。

(2) ① 東大寺(奈良県)は全国の国分寺を統括する総国分寺であった。

(3)**A**群の狩野永徳は，狩野派のもっとも有名な絵師で代表作は『唐獅子図屛風』。近松門左衛門は元禄文化のときに人形浄瑠璃や歌舞伎の脚本を書いた人物。千利休は，茶道(侘び茶)の作法を大成した人物で桃山文化を代表する。**B**群の蘭学はオランダ語で西洋の文化を学ぶ学問で杉田玄白や前野良沢などが代表的な人物。

(4)遣唐使の停止は，894 年に遣唐大使に任命された菅原道真の意見にもとづく。907 年に唐はほろびた。その後，中国の文化を消化し，日本の風土に合った日本独自の国風文化が生まれることとなった。

3 (1)アヘン戦争の講和条約である南京条約と，日米修好通商条約とは，いずれも不平等条約で類似している。**イ**．この戦争は日清戦争。**ウ**．この戦争は第一次世界大戦。**エ**．この戦争は南北戦争。

(2) ① 朝鮮を武力を用いてでも開国させようという征韓論を唱えた西郷隆盛や板垣退助らに対し，遣欧使節として欧米諸国を視察してきた岩倉具視や大久保利通らは，反対した。その結果，西郷や板垣らは明治政府を去った。

②日清戦争の下関条約と，日露戦争のポーツマス条約は，セットで覚えておき，混同しないように注意すること。

(3)問題文中の「天皇中心の国のあり方の変革や私有財産制の廃止をめざす運動」とは，社会主義運動。治安維持法は，加藤高明内閣が 1925 年，普通選挙法を成立させる直前に成立させた。

(4) ABCD 包囲網とは，アメリカ合衆国(America)，イギリス(Britain)，中華民国(China)，オランダ(Dutch)の頭文字から取った名称である。このことをおさえていれば，アメリカ，イギリス，中華民国，オランダで構成されている**エ**が正答であると判断できる。

(5)問いの写真は，1951 年，サンフランシスコ平和条約(日米安全保障条約も共に)調印の瞬間の写真である。

(6)**ア**．ソ連は 1922 年に成立。
イ．中華人民共和国は 1949 年に成立。
ウ．南北ベトナムは 1976 年に統一。
エ．東西ドイツは 1990 年に統一。

ミス注意！ 1912 年に成立したのは中華民国で孫文が臨時大総統となった。第二次世界大戦後の 1949 年に成立したのは中華人民共和国で毛沢東が国家主席となった。国名と人名に注意する。

(7)沖縄県が日本に復帰したのは，第二次世界大戦後 30 年近くが経過した 1972 年のこと。1960 年代後半にアメリカが介入したベトナム戦争の際には，東南アジアに近い沖縄はアメリカの軍事拠点とされた。湾岸戦争は 1991 年におこった戦争。